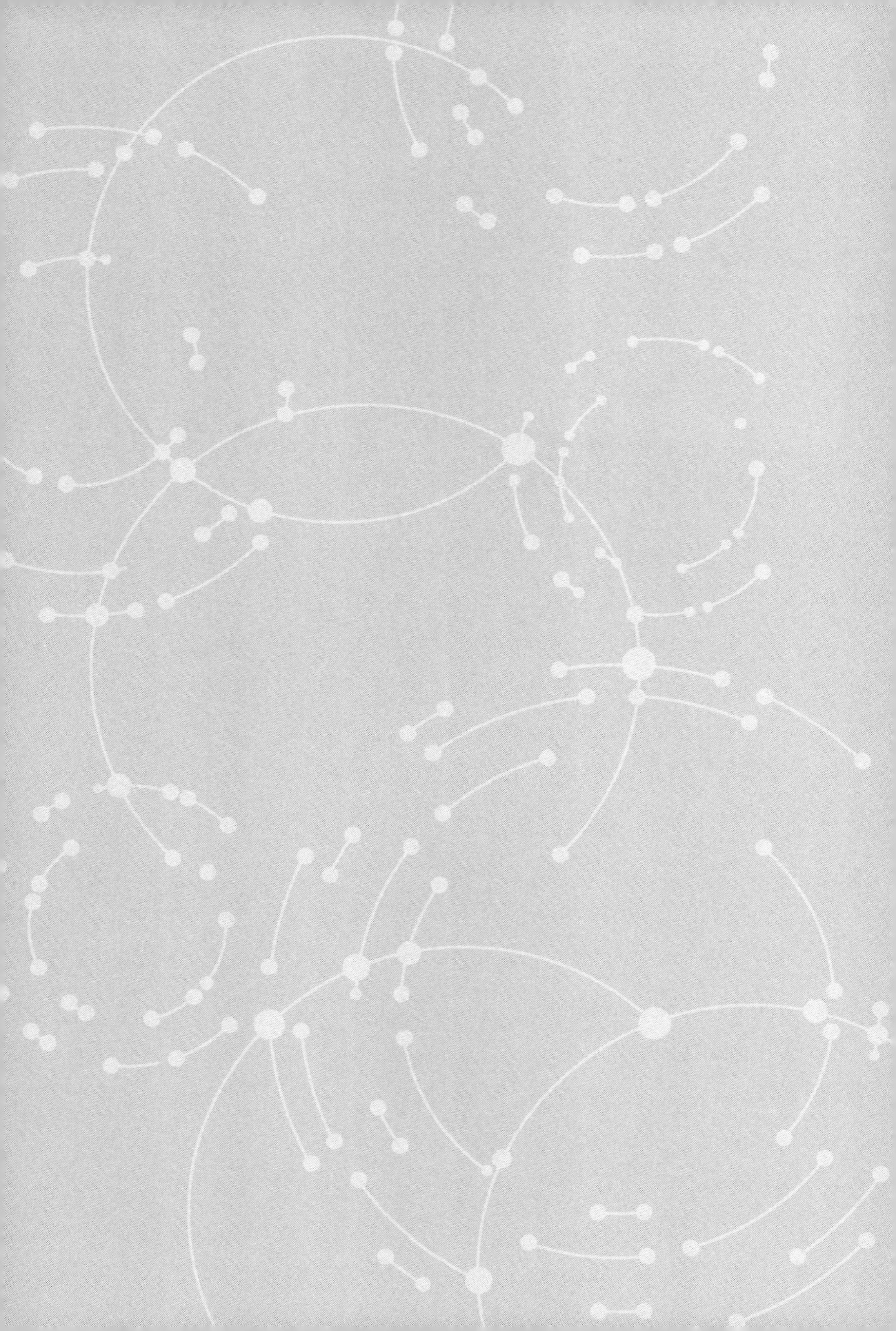

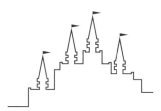

芳中 晃

Disney Thinking

ディズニー シンキング

自分の頭で考えて動く人が育つ

SOGO HOREI PUBLISHING CO., LTD

はじめに

二〇二三年に開業四十周年を迎える東京ディズニーリゾートは、入園者数もゲスト一人当たりの売上高も右肩上がりに推移していると言いたいところですが、さまざまな要因によりダウンする年もあります。

しかし、必ず盛り返しています。それはなぜでしょうか。

新しいアトラクションやショーが公開されるから？　ディズニーアニメがヒットするから？　そもそも、ディズニーが大企業だから？

それらは要素のひとつですが、ディズニーの根本的な強さは別のところにあります。

企業は売り上げが落ちると、なんらかの手を打ちます。特に数字にだけ注目している企業は、手っ取り早く、無駄な経費を見直し、原価を下げ、人件費を削減する等のコストカットに乗り出します。

しかし、やみくもに数字を下げようとするのは悪手です。

経費は削減でき、数字上は利益があがったようにも見えますが、あくまでも一時的なもので、品質の低下や従業員を減らした反動は売り上げに反映されます。

対応が悪くなった、品質が落ちたなど、訴訟になる海外と違い、日本人は「サイレント・クレーマー」の傾向が強いので企業や商品、サービスに不満があっても直接クレームをつけず、静かに離れていきます。

結果、リピーターが来なくなり、「サイレント・クレーマー」が悪評をＳＮＳのクチコミやネットで広げることで更に売り上げが落ちていきます。


売り上げが落ちたのなら、売り上げを伸ばせばいいのですが、その場合、新規開拓もさることながら、重要なのはリピーターの確保です。リピーターになってもらうためには、その企業や商品、サービスを使ったあとで「また利用したい」と思わせることですが、このとき、キーを握るのが人財です。

人財の能力を発揮させるためにはモチベーションが必要で、ディズニーは、このモチベーションを維持、向上させることが飛びぬけてうまい企業です。

特に難しいことをしているわけではありません。人財を大切にする、働いて楽しいと思える職場環境をつくることが最重要課題です。

簡単なようですが、実践は難しく、諦めている企業が多いのも事実です。

ディズニー社を創ったウォルト・ディズニーは、従業員をとても大切にしていました。それは彼の理念が「ハピネス（幸せ）」だったからです。

ウォルトがディズニー社を創る前、彼がいた会社は出張ばかりで、家族を大切にしたくてもできず、自分も家族もハッピーではありませんでした。

ウォルトはディズニー社の社員に常々「家族も出張に連れて行きなさい」と言っていました。彼は自分の信条をもとに、お客さまも従業員もその家族も幸せにしようとしていたのです。

アナハイムのディズニーランドをはじめとしたディズニーパークには、ウォルトの信条から生まれた共通の理念があります。その理念のおかげで、ディズニーパークはお客さまに対しても従業員に対してもブレないサービスを提供できているのです。

ディズニーの強さは、人財育成と企業理念にあります。どちらも企業の屋台骨を支えるものです。理念を軸としたディズニーの人財育成方法やマネジメントは、すべての業界で活用できるのです。それが、ディズニー退職後もさまざまなプロジェクトや運営、大学講義で学生に関わってきた私の実感です。

読んでくださった方々にとって、本書がスキルアップや環境改善のヒントになるよう、心から願っております。

なお、本書では人材を人財と記しています。人は材料ではなく、企業の財産であるからです。

Contents

ディズニーシンキング　目次

第2章 プロフェッショナルと付加価値

第3章　ディズニー・ユニバーシティ

第5章 マネジメントの観点から見た企業の成長

目次

カバーデザイン　新口敦子
本文デザイン　大口太郎
DTP　横内俊彦
取材・構成　谷口雅美

第1章

ディズニーパークの理念

ディズニー・ユニバーシティ卒業の日

「卒業おめでとう！　これで皆さんも私たちの仲間です。何か困ったことがあれば、いつでも相談してくださいね」

卒業生一人ずつに、卒業の証でもあるネームタグがコメントとともにトレーナーから手渡されます。

「あなたの笑顔で、持ち場でもみんなが幸せな気持ちになると思いますよ」

「目配りがしっかりできていますね。その姿勢、これからも大切にしてくださいね」

「はじめは皆、緊張するものです。少しずつ、慣れていきましょう」

これはディズニー・ユニバーシティの卒業式の様子です。

ディズニー・ユニバーシティはディズニーの教育機関です。卒業した新人たちは、このあと各部署へと配属されていきますが、卒業できなければ、配属されずに再び学び直しです。

ユニバーシティ（総合大学）というだけあって、アメリカではディズニーの社員研修以外にも、一般人や企業、学校向けのセミナーも開催しており、ディズニーのさまざまなノウハウを学ぶことができます。

素晴らしい教育機関を持つディズニーパークをディズニーの理念とともに紹介していきます。その前に、自己紹介をさせていただきます。

私はアメリカのフロリダ国際大学卒業後、一九七九年にウォルト・ディズニーワールド社のＦＢ部門（飲料部門）にアシスタント・スーパーバイザーとして入社しました。アメリカでは新入社員がいきなりマネジメント業務に配属されることもあり得るのです。

この配属は、私がフロリダ国際大学の前に卒業したポールスミス大学のホテル学部で、ＡＡＳ（準学士の学位）を取得し、大学が経営するホテルで働いていたという経歴を見ての判断だったのかもしれません。

さすがにディズニーランドの現場を知らないまま、マネジメントをすることはできないので、現場から経験させてもらいました。

日本に帰国後、株式会社オリエンタルランドに入社。東京ディズニーランド開園前は、食堂部の教育・トレーニングやマニュアル作成の総責任者として人財育成に携わりました。

開園後は、「ブルーバイユー・レストラン」をはじめとする、ディズニーランド内のレストラン八店舗の店長としてマネジメントを担当し、「れすとらん北齋」開業のプロジェクト責任者や広報室も経験しました。

それらの経験を生かし、退職後は、レストランやエンタテイメント施設などの企画開発、プロジェクトと運営、大学では准教授として学生の育成を手掛けてきました。


私もディズニー・ユニバーシティの卒業生です。

ディズニーキャストははディズニー・ユニバーシティで、ディズニーに関する基本的な知識を必ず学びます。一般企業で言う全体研修のなかでディズニーの根幹を学びます。

なお、日本のディズニーパークにもユニバーシティ課という部署があり、アメリカ本国のユニバーシティと同じ研修内容が実施されています。

理念はなぜ、必要なのか

ディズニー・ユニバーシティのオリエンテーションでは、ウォルト・ディズニーの人生や考え方、ディズニー社とディズニーランドの歴史についての説明がありますが、中でも理念の重要性を徹底的に学びます。

理念を辞書で調べると「ある物事についての、こうあるべきだという根本の考え」と書かれています。英語では「アイディア、イデオロギー、フィロソフィー」などという表現をされています。

ウォルト・ディズニー自身の理念は「ハピネス（HAPPINESS）」。すべての人が幸せであるべき、という思いから、ゲストやキャスト、キャストの家族も、幸せな気持ちになるようにと気を配っていました。

ディズニー映画が常にハッピーエンドなのは、ウォルトの信条を受け継いでいるからなのでしょう。

一方、ディズニーパークの理念は「ファミリー・エンターテイメント」です。すべての人が幸せであるべきというウォルトの理念を受け、「世代も超えて、誰もが一緒になって楽しむことができる場所」を目指しています。

ディズニーパークのキャストたちの言動はすべて、この理念がもとになっているのです。理念は働く人たちの言動の指針となっているだけではありません。建物や扱う商品すべてが、この理念をもとにデザインされ、つくられているのです。

ディズニーワールドは一九七一年に開園しましたが、建物、内装、備品すべて「ファミリー・エンタテイメント」の理念に基づいて揃えられました。

つまり、構想が出てきた一九六〇年半ば頃からディズニーは理念をしっかり打ち出していたのです。

アメリカのロサンゼルスや近郊には、ディズニーランドとマジックマウンテン、ナッツベリーファームと三つの遊園地（テーマパーク）があります。

ディズニーは夢の国、マジックマウンテンは絶叫系遊園地、ナッツベリーファームは古き良き遊園地とすみ分けができています。

同じ遊園地なのに仕上りが全く違っているのは、理念がそれぞれ異なるからです。理念によって、遊具やアトラクションなどがすべて決定されるのです。

例えば、車もそうです。タイヤが四つ、ハンドルがあってガソリンや電気を使って走るのは同じですが、フェラーリとプリウスではコンセプトが全く違います。そう考えると、理念が如何に重要かおわかりいただけると思います。

大学の「テーマパーク事業論」の講義では、私は最初に「いろいろな企業の理念を調べてくるように」という課題を出します。

企業理念なんて役に立たないと思われるかもしれませんが、そうではなく、理念は企業が判断をする際に必要なものです。

ところが、学生が十社調べても半数ほどの企業からは理念が見つかりません。理念がない企業が必要な判断する基準となるのは数字です。

原材料や仕入れの際に安い素材やものを選ぶ、安い見積もりの内装にする、社員ではなく人件費のかからないバイトを雇い、社員教育の時間やコストをかけず、福利厚生を削る。結果的には従業員の労働環境が悪くなり、離職率が上がります。最終的には商品管理や品質、サービスに支障をきたし、顧客も離れ売り上げが減少してしまいます。

就職活動をしている学生に「企業理念を書いてない会社は選ばないほうが賢明だよ」とよくアドバイスしたものです。

企業理念を長々記載している会社は理念がない会社よりいいですが、判断に迷ったときワンフレーズの理念であれば働く人たちが判断しやすいのは言うまでもありません。「シンプル・イズ・ベスト」ですから。

あなたの会社や気になる会社の理念をいま一度、新しい視点で確認してみてください。

行動指針となる四つのキーワード

ディズニーパークには四つのキーワードがあります。
四つのキーワードの頭文字を取って「ＳＣＳＥ」と言われています。
一つ目のＳは、ＳＡＦＥＴＹ（安全性）
二つ目のＣは、ＣＯＵＲＴＥＳＹ（礼儀正しさ）
三つ目のＳは、ＳＨＯＷ（ショー）

四つ目のＥは、ＥＦＦＩＣＩＥＮＣＹ（効率）

第一に優先するものがＳＡＦＥＴＹ（安全性）です。パーク内のどの施設でも技術的な安全には十分配慮されていますが、ゲストにとって安らぎを感じる空間をつくり出すのはキャストの役目です。

二つ目はＣＯＵＲＴＥＳＹ（礼儀正しさ）です。言葉づかいや対応が丁寧ということではなく、相手の立場に立った、親しみやすいおもてなしのことを指します。ディズニーパークに来園されるあらゆる世代、さまざまな国籍のゲストすべてをＶＩＰと考え、心を込めておもてなしをします。

三つ目はＳＨＯＷ（ショー）。ディズニーパークでは、あらゆるものがショーとして考えられています。もちろん、キャストもショーの一部です。期待とともに訪れるゲストのために、「毎日が初演」の気持ちを忘れずにショーを演じているのです。

最後はＥＦＦＩＣＩＥＮＣＹ（効率）です。ゲストの効率を考えた工夫や演出をゲストに提供し、限られた時間でしっかりと楽しんでもらうよう心がけます。ただし、安全性や礼儀正しさ、ショーが守られていることが前提です。

4つのキーワード

1	Safety	安全性
2	Courtesy	礼儀正しさ
3	Show	ショー
4	Efficiency	効率

なぜ、こうしたキーワードが設定されているのか。退職後、ディズニーを俯瞰して見ることができるようになって改めて腑に落ちました。

キーワードは「ファミリー・エンタテイメント」という理念を実現するための、具体的な思考や行動の指針なのです。

ディズニーにはマニュアルが数多く存在しますが、すべてを覚えることや、その都度マニュアルを開くことは不可能です。

この四つのキーワードに沿って行動すれば、新人であろうとベテランであろうと、皆同じ判断ができるはずです。

理念だけでなく、キーワードまでつくったディズニーは素晴らしいと思います。

行動の指針となる理念とキーワードを理解してもらうのもディズニー・ユニバーシティや各部署でのオリエンテーションや教育です。

この、四つのキーワードは、一般企業でも適用することができます。

ＳＡＦＥＴＹ（安全性）を確保した商品開発やサービスを提供する。

ＣＯＵＲＴＥＳＹ（礼儀正しさ）を持ったサービスや品質でお客さまにおもてなしの気持ちを伝える。

ＳＨＯＷ（ショー）は、会社のイメージに沿ったデザインや言動、身だしなみを心がけ、常に良品を提供するよう徹底する。

ＥＦＦＩＣＩＥＮＣＹ（効率）はゲストの限られた時間が有効に利用できるようなシステムや方法を構築する。

私はキーワードを「理念・使命を具現化するための具体的指針（判断基準・行動指針）となるべきもの」と説明しています。

それでは次の項目で、それぞれのキーワードについてもう少し詳しく述べて行きたいと思います。

キーワード①：ＳＡＦＥＴＹ（安全性）

一つ目のキーワードはＳＡＦＥＴＹ（安全性）。「ファミリー・エンタテイメント」という理念を掲げているディズニーパークにとって、絶対に確保しなければならないことです。安全性が確保できていない場所で、家族を遊ばせたいと思うでしょうか？　安全だと思えない商品で遊ばせたり、料理を食べさせたりするでしょうか？

理念から導き出された四つのキーワードでＳＡＦＥＴＹ（安全性）が最初に来るのは当然なのです。

ディズニーパークに限らず、ものづくりでＳＡＦＥＴＹ（安全性）は欠かせません。安全性が確保されていれば安心して遊べる、使える。その安心感が企業に対する信頼となり、その信頼を維持することが企業ブランドになっていきます。

高級ブランドのバッグがすぐに壊れるようなものだったら、デザインがステキでも、もう一度買おうと思う人はいないと思います。

キーワード① SAFETY

SAFETY　安全性

プレ・メンテナンス	未然の事故防止(予防策)
見た目の安全性	未然の連想不安防止(予防策)
トラブルの迅速な対処	対処システムと組織化

壊れないから安心して使うことができるし、そのうえ、デザイン性が高いとなると使いたい人が増えていく。

滅多に壊れないという商品やブランドの評価が長く続いていけばいくほど、企業そのものに信頼性がついてきます。だからこそ新しい商品が出たときに「あのブランドなのだから、今回のバッグもきっといいよ。だから、買おう」と思うのです。

安全性の確保というのは、長期的に見ると企業ブランド力の向上につながり、リピーターを増やす大きな要素となるのです。

ディズニーパークの安全管理

私がディズニーパークに携わった頃にオープンした大きいアトラクションに、キャプテンEOやビックサンダーマウンテンなどがありました。

こうしたアトラクションが楽しいのは当然ですが、それは安全が保障されている、とゲストが感じているからです。安全が確保できなければ、楽しむことすらできません。

ディズニーパークの安全管理はとても厳しく、特にアトラクションではプレ・メンテナンス（予防保全）を徹底しています。

部品の劣化具合を見て交換する「状態基準保全」はもちろんですが、一定期間を定めて交換する「時間基準保全」も実施しています。

コストだけに注目すれば、耐用年数がきた時点で交換すればいいのですが、理念に基づいたSAFETY（安全性）というキーワードですから、ディズニーパークでは耐用年数を待たずに期間を設定して部品を取り替えています。

あるテーマパークでの死亡事故では、部品が折れたことが原因でした。時間基準保全を実施しておらず、目視だけで「大丈夫だろう」と判断して取り替えていなかったのです。

恐らく、現場だけの判断でこういったメンテナンス体制になっていたのではなく、経費削減を厳命され、人手も足りず、それが安全性への意識を低下させたことが原因ではないかと思います。


ディズニーパークでも事故はあります。

死亡事故にはなりませんでしたが、スリルライド系アトラクションで部品発注時のミスによる脱線事故が起きたことがあります。そのときは、安全が確認できるまで約二カ月半、アトラクションをクローズしました。

ミスはあってはならないことですが、再発防止を徹底し、安全性を積み重ねていくことで再び、ブランドイメージを回復することができるのです。

ショップで販売されているグッズにも安全性が求められます。商品を買うときに「ディズニーだから安心よね」というのが、ブランド力なのです。

例えば、赤ちゃんはいろいろなものを舐めたり噛んだりします。だから赤ちゃんが触るぬいぐるみは、毛が抜けない、色落ちもしないような素材を使用したり、事故が起こらないよう安全検査を実施するということも重要なポイントです。

ディズニー社では、展開するテーマパーク全般をパークと呼んでいます。東京ディズニーランド内には現在、食事ができたり、食べ物を買える場所が五〇カ所近くあります。これらのお店では素材や食材だけでなく、食器も安全性第一を基準に選んでいます。それ以外にも農薬の使用有無や産地確認、取引先の経営体制や職場環境などが健全であることが最低条件です。

パークのイベントで数万本のバラの花を使ったときには、全てのバラの花のトゲを取り去ったということもありました。

安全性というキーワードを徹底するためには、本当に様々なことを考えなければならないのです。

キーワード②：COURTESY（礼儀正しさ）

二つ目のキーワードはCOURTESY（礼儀正しさ）。「すべてのゲストはVIP」。

キーワード② COURTESY

COURTESY　礼儀正しさ

＝ホスピタリティ（親切なおもてなし）

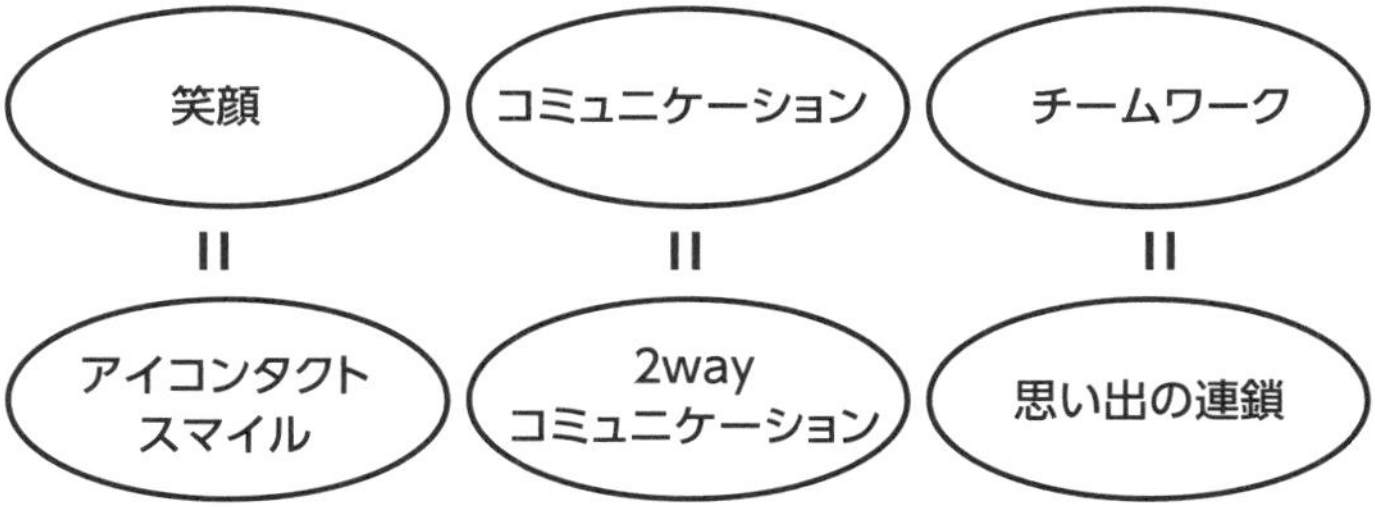

これはディズニー・ユニバーシティのオリエンテーションで教えられることです。

ディズニーパークは楽しい時間を過ごしてもらう場所なので、ゲストの気持ちを盛り上げるためにキャストたちは笑顔で、親しみを込めて話しかけます。

「すべてのゲストはＶＩＰ」という気持ちがキャストの根底にあるからこそ、そうした接し方でもゲストは不快に感じないのです。

ところが、このＣＯＵＲＴＥＳＹ（礼儀正しさ）のキーワードがあったからこそ、採用されなかったアイディアがありました。

ディズニーは新しい試みにチャレンジすることがあります。技術の開発にも熱心ですから、自動化も得意です。

アメリカのディズニーワールドには、ミニボートを使うアトラクションがあります。ジャングルクルーズほど大きいものではなくて、一人ずつ船頭役のキャストが乗ってゲストをガイドします。

この船頭役のキャストを自動化するというアイディアがありました。船頭役のキャストを付けなければ、人件費の削減になります。

ここで理念があると、判断しやすいのです。ディズニーパークは何を大切にしているの？　何が売りなの？と。

船頭役のキャストを自動化した場合、安全性と効率は改善されるが、礼儀正しさを考えるとゲストはどう感じるだろうか。

銀行に行ったときのことを思い出してみてください。

自動ドアが開いた瞬間、「いらっしゃいませ」と自動音声が流れます。出ていくときには「ありがとうございました」。ＡＴＭを操作すれば、また「いらっしゃいませ」から始まる。

恐らく、お客さまが来たことをカウンターの中にいるスタッフに知らせる目的で始められたものかもしれませんが、「いらっしゃいませ」「ありがとうございました」と自動化された挨拶を聞いても、私は暖かみを感じません。

ミニボートの船頭役キャストを自動化した場合、同じ結果が予想されました。丁寧でミスはないかもしれませんが、そこに「礼儀正しさ」やコミュニケーションもありません。ゲストの表情やリアクションを見ながら、その場に応じたガイドをすることが、ゲストの楽しさにつながっていくのだから、自動化してしまうとその要《かなめ》がなくなってしまうのです。

売り上げしか興味のない経営陣ならば、絶対に自動化したいはずですが、「ＮＯ」と言えるのは、そこに理念があるからです。

理念によって、ブランドイメージが守られているのです。

キーワード③：SHOW（ショー）

三つ目のキーワードはSHOW（ショー）です。ディズニーパークをひとつの大きな舞台として見立てて、ゲストに思う存分、楽しんでもらうのです。

このキーワードも理念である「ファミリー・エンタテイメント」と直結しています。

ゲストに楽しんでもらうためには、どうすればいいか。

その舞台に出演しているキャストが役になりきればいいのです。ディズニーパークでは、ショーやエンタテイメントを担当する人たちだけでなく、すべてのキャストが役になりきっています。

パークの敷地内でゲストと接するエリアはオンステージ、キャストのためだけのスペースはバックステージと呼ばれています。これは映画からきています。

これが、パークで働く人たちを「キャスト」と呼ぶ理由です。

皆さんは社内研修等で「会社の顔として振る舞いなさい」「会社の代表という気持ちで

キーワード③ SHOW

SHOW　ショー

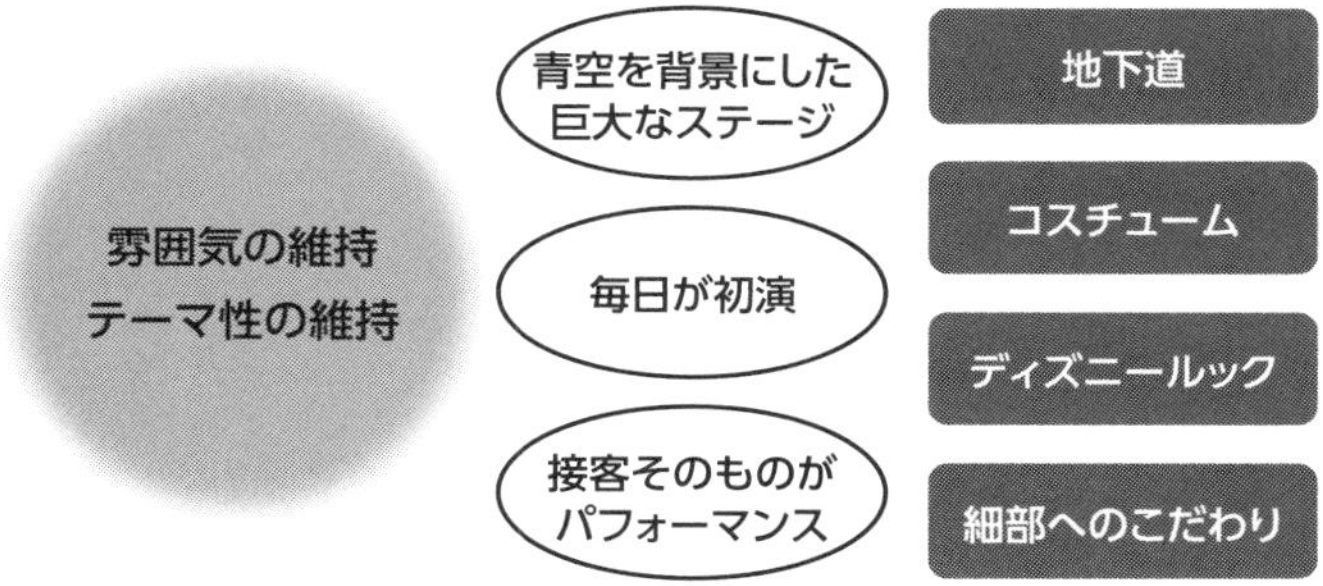

いましょう」と言われたりしたことはありませんか？
会社の品位やブランドを守らなければと頭では理解できていても、具体的には思いつかないのではないでしょうか。
でも、「役柄」がハッキリしていれば演じやすいのです。これは会社の理念がしっかりしているからこそなのです。

笑顔が大切と研修の中でも学びますが、ディズニーでは「皆さんはその仕事を役として演じて下さい」と教えられます。

どう気持ちを切り替えるかは人によって違ってくると思います。

ディズニーパークのキャストたちは、ウ

ォルトの「ハピネス」と「ファミリー・エンタテイメント」を理解した上でそれぞれが役を演じています。

コスチュームに着替えることで「これからはキャストとして演じよう」と気持ちの切り替えもしやすいのです。

ディズニーの世界観を壊さないための工夫

ディズニーパークには、役に成り切るキャストたち以外にも、ショーというキーワードで成り立っているものがあります。

それはディズニーパーク内のもの、すべて。

よく知られている話ですが、ディズニーパークの中にいると、外のビルや景色、バックヤードの施設が見えません。これはビジュアル・イントリュージョンと呼ばれ、ディズニーの世界観を徹底的に守るようにしています。

キャストのコスチュームも、それぞれのエリアのテーマに合わせています。そして、そのコスチュームを着ている限り別のエリアには行くことはできません。「カリブの海賊」で働いているキャストが「休憩に行きます」といって、「ファンタジーランド」を通れば、コスチュームの世界観が違うのですから、ディズニーパークのキャストであってもテーマ性を守れなくなります。このテーマ性の確保は徹底されていて、ディズニーパークには、キャストや物流の動線を確保するため、網目のように張り巡らされた地下道があるのです。他の遊園地で当たり前のようにあるゴミ箱は各エリアのテーマごとにデザインされ、それぞれの世界観を失わないようにしています。ハロウィンやクリスマス、イベントごとに、ゴミ箱や装飾、花壇などもデザインを切り替えています。

パークにはいくつか郵便ポストが設置されていて、このポストに投函するとディズニーキャラクターの消印で送られます。このポストももちろん、テーマやその時代に合ったデザインになっています。

消防法で設置を義務付けられている消火器でさえもテーマ性を確保するために、デザインされたボックスに収納されています。非常ベルも、そのテーマの世界観に溶け込ませているのです。

非常口を示すサインも、消防法で定められているので付けなければなりません。しかしその特性上、とてもよく目立ちます。オープン当初は「カリブの海賊」の中に、とても大きな非常口のサインがありました。これではどんなに楽しいアトラクションでも、一瞬で現実に引き戻されてしまいます。

消防担当が消防局との交渉を続け、事故が起きていないことや、パーク内に消防車を持ち、消防署や警察署と連携が取れること、緊急時の対応が完璧にできていたことなどからアトラクションの邪魔にならない場所に移設することができたのです。

キーワード④：EFFICIENCY（効率）

キーワードの四つ目はＥＦＦＩＣＩＥＮＣＹ（効率）です。

働く側としては、つい自分たちの効率を考えてしまいがちですが、これはゲストのための効率なのです。多くのゲストが訪れるディズニーパークでは待ち時間の長いアトラクションもあります。アトラクションに優先的に乗れるファストパスができたのも、ゲストの効率のためです。ゲストの滞在時間は限られていますから、最後に「楽しかった、また来

キーワード④ EFFICIENCY

EFFICIENCY　効率

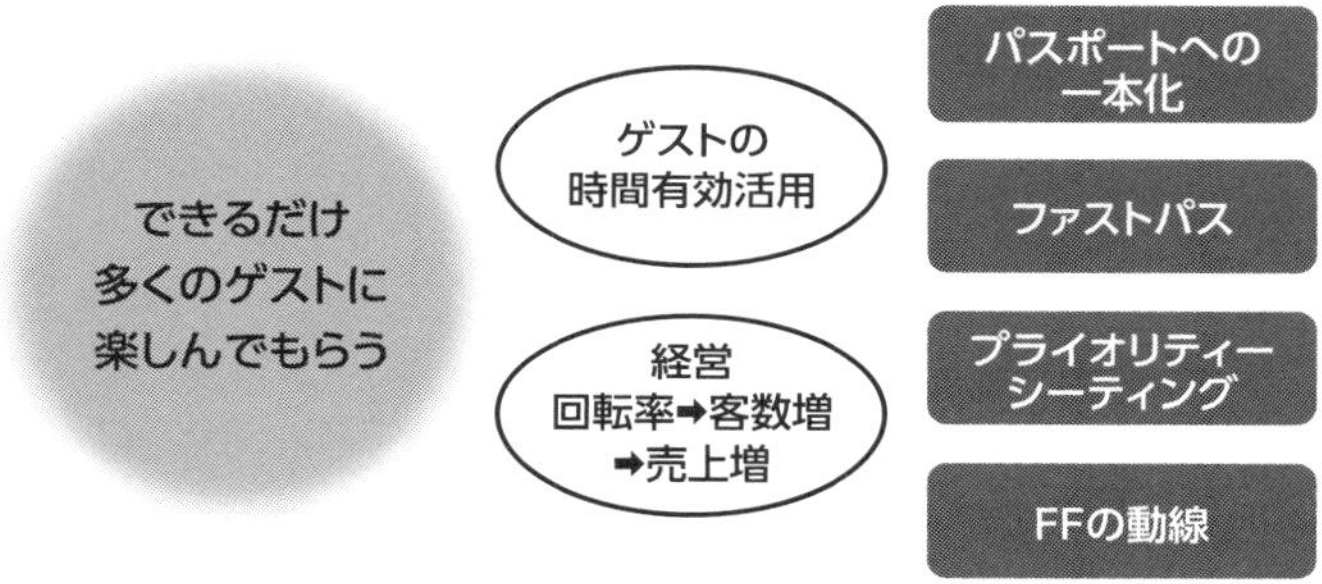

よう」と思ってもらうためには、少しでもゲストの時間がムダにならないような工夫をすることが必要なのです。

アトラクションのエントランスから乗り場までの通路をキューラインと呼びますが、その通路は幅が約一メートルで、二人が立って並べるぐらいの幅しかありません。

この幅にも意味があります。同じ場所で待っていると、時間が経つのが遅く感じます。幅を狭めることで前に進み、また景色が変わることで、立ったままじっとしているよりも精神的、肉体的な苦痛を軽減しているのです。

他のテーマパークに行くと、さまざまな

疑問が湧くことがあります。

関西の有名なテーマパークでは、ピーク時でもポップコーンやジュースのワゴンの対応をしているスタッフが一人なのです。

注文を聞き、商品を渡して会計をする、すべての業務を一人で行う、いわゆるワンオペです。

一人での作業スピードは限られるため、長い行列になっていました。これが二人であれば一人は商品を渡し、もう一人は会計をすることで作業効率は向上し、ゲストの待ち時間も少なくなります。

人件費が倍になっても売り上げが三倍、四倍になりますから、ゲストにとってもテーマパーク側にとってもメリットがあるはずです。

ディズニーパークも、新規アトラクションがオープンしたときに待ち時間が五時間になったことがありました。しかし、「こんなに行列ができる、人気のアトラクションです」と胸を張ったり、喜んだりすることではないと思うのです。効率というキーワードから外れているのですから。

開業当初は長くても一時間半待ちくらいでしたが、いまは二時間、三時間が当たり前のようになっています。これでは丸一日をかけてもアトラクションを数カ所しか楽しめず、楽しむよりも疲れただけの思い出になってしまいます。

東京ディズニーランドもオープンして四十年近くが経ちました。

老舗と言われている会社や店にはずっと守り続けているものがある一方で、時代に合わせていくことも必要です。新しい技術や視点を取り入れることも大事でしょう。

しかし、時代に迎合して理念まで変えてしまうと、企業としての姿勢が崩れていきます。もし、ディズニーパークが理念を変えてしまったとしたら、ディズニーというブランドそのものの価値もなくなってしまうと思うのです。

理念はあくまでも指針ですから、他にも守り続けていく方法はたくさんあります。それはキャストの心掛け次第なのです。

キーワードはキャストのためでもある

これら四つのキーワードは、キャストがゲストに対応するためだけに使われるわけではありません。マネジメントにもキーワードを適用することができます。

ディズニーパークのマニュアルには、震災や災害があった際、キャストはケガをしているゲストを助けますが、キャストが先に負傷してしまった場合には、ゲストを助けることはできません。

キャストのＳＡＦＥＴＹ（安全）を確保することも、ゲストと同じレベルで守らなければならないことなのです。

パークには、キャストの安全を考えて改善されたものがあります。

「カリブの海賊」の近くにキャストの休憩室があります。休憩室へ向かう出入り口には扉があり、扉の上には剣先を模した柵が取り付けられています。

このエリアはアドベンチャーがテーマなので、このようなデザインにしていますが、オープン当初、この柵の素材は鉄でした。リアルさを追求し、テーマ性を維持するためのことでしたが、リアルさを追求するショーとキャストの安全性を考慮し、半年後にはゴムに変更されました。

他の三つのキーワードについてもキャストに対して適用されます。

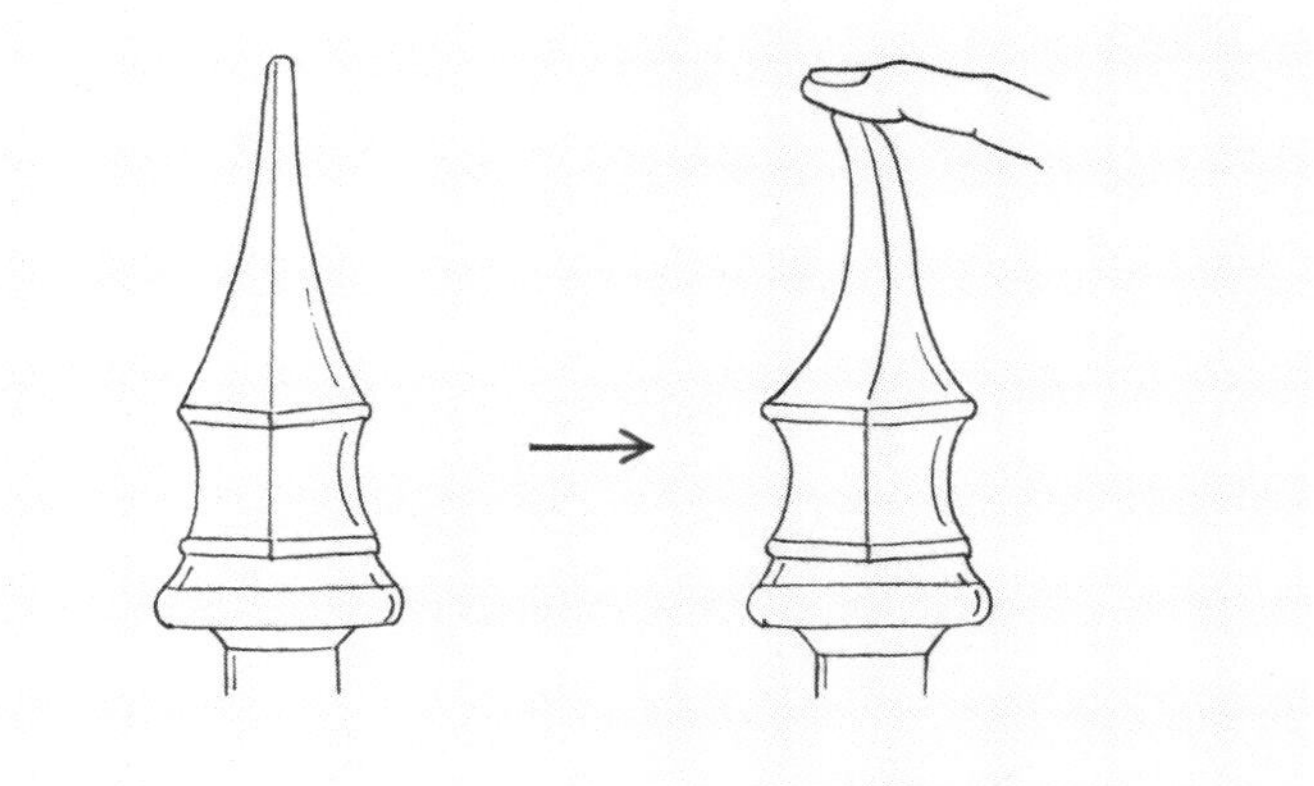
子どもがケガをしないようにゴム製の先端に変更

ＣＯＵＲＴＥＳＹ（礼儀正しさ）：会社や上司、同僚から尊重され、労働条件が整備されている。

ＳＨＯＷ（ショー）：バックヤードなどの職場環境が快適に整えられている。

ＥＦＦＩＣＩＥＮＣＹ（効率）：効率的な働き方を提案、工夫する。

これらのキーワードを徹底することで、キャストは安心して楽しく働くことができます。楽しく働ければモチベーションも上がりますから、仕事の質も向上するのです。

それにより、ゲストに対するホスピタリティも高まり、ディズニーパーク全体の付加価値が上がり、リピーターが増えるという良い循環につながります。

ESとCSの両立ために

ディズニーパークの理念と四つのキーワードを図式化すると次のようになります。この図は特にディズニーパークで使われているものではなく、大学での講義のために私が体系立てたものですが、理念とキーワードの関係性がよく理解できると思います。

ディズニーパークはすべての人のＨａｐｐｉｎｅｓｓ（幸せ）のためにあります。それを実現するためには、ファミリー・エンタテイメントという理念に基づいた四つのキーワードが必要です。

すべての人、と言い換えましたが、この図ではＥＳ（＝Employee Satisfaction 従業員満足度）＆ＣＳ（＝Customer Satisfaction 顧客満足度）と記しています。敢えて、ＥＳを先にしたのには、キャストが満足してこそ、ゲストを満足させられると考えたからです。

この図で、すべてをつないでいるチームワークとコミュニケーションという言葉があり

理念とキーワード

ます。

それはチームワークとコミュニケーション、そして笑顔が、ホスピタリティ向上のためにとても重要な要素なのです。

柱のひとつ、チームワークはどの企業、組織でも必要なものです。一人のキャストの言動が全体の出来栄えに大きくかかわってきます。自分の仕事がすべてのキャストの仕事と繋がっていると意識することで、より高いホスピタリティをゲストに提供できるのです。

ゲストが来園されてから帰るまでをひとつのストーリーと考えるとわかりやすいと思います。ホスピタリティが高ければ、その一日は楽しいストーリーになりますが、どこかでゲストが不快な思いをすれば、期待したストーリーにはならず、足が遠のくかもしれません。

このようなことが起こっても、他のキャストが、不快な思いを上書きするような対応をすることで、最終的に「また来よう」と思っていただけるのです。キャスト同士がリカバリーし合えるのは、自分の持ち場さえよければいい、というわけではなく、ゲストが過ごす一日を一連のストーリーと捉《とら》えているからです。

もう一つの柱はコミュニケーションです。これも企業や組織にとって不可欠なものですが、ディズニーパークがコミュニケーションを重視していることは、大きく名前の読みやすいネームタグからもお分かりいただけると思います。

パーク内では通りすがりのキャストから笑顔で「こんにちは!」と声をかけられます。最初は戸惑っているゲストもつられて「こんにちは」と返していくうちに感情が盛り上がり、ショーの中へ自然と溶け込んでいき、楽しむことができるのです。

挨拶だけがコミュニケーションではありません。キャストたちはゲストとのコミュニケーションを駆使してハピネスを生みだそうとします。
　レストランなどでは、入店から席へご案内するまでの短い間、キャストはゲストとコミュニケーションを図るため、積極的にゲストに話しかけます。パレードのことを話題にしているのがわかれば、パレードの時間や見やすい場所、関連した情報をさりげなく提供していくのです。

　コミュニケーションに関して、大学講義では次のようなことを課題にします。「コミュニケーション不足の現代」というテーマです。人類のコミュニケーションツールは身振り手振りから始まり、やがて会話や文字が生まれ、戦国時代には狼煙、音、手紙、手旗信号、近代になり無線、電話、ＦＡＸ、そしてＰＣやインターネットの発達により携帯電話、メール、ＳＮＳなど、これほどコミュニケーションツールが発達したにもかかわらず、上場企業を対象とした調査の職場環境についての設問の一つに「職場でのコミュニケーションの機会が減った」との回答が六〇％を占めました。つまり、コミュニケーションツールが増えても、コミュニケーションが向上するとは限らないということなのです。

ディズニーパークのコミュニケーション創り

ディズニーパークのコミュニケーションは、ものづくりにも生かされています。

最寄りの舞浜駅を出てパークに向かっていくと、時計台があります。この時計台から先がパークの敷地です。

時計台の先にはペデストリアンデッキと呼ばれる大きな橋があり、欄干にはディズニーキャラクターのオブジェが一定の間隔で並んでいます。ミッキー、ミニー、ドナルド、ティンカーベルやピノキオなどがゲストを出迎えてくれるわけです。

これらのオブジェには共通した特徴があります。どのキャラクターも笑顔でこちらを向いています。

実はこのオブジェには、ネームプレートが付いていないのです。

常にゲストの立場に立った対応やものづくりをしているディズニーらしからぬ不親切さに思えるのですが、ネームプレートを付けない理由があるのです。忘れたわけでも、予算がなかったわけでもありません。明確に説明されているわけではありませんが、わざとつけていないのです。

例えば上野の西郷隆盛や桂浜の坂本龍馬、皆さんが知るいろいろな銅像の横には必ず、この人は誰でどんなことをした人かという説明書きがあります。

説明書きがあるので初めて見た人でも誰の銅像か、その人がどういった経歴の人なのかがわかるのです。


ディズニーパークに親子で出かけたとして、まず目に入るこれらのオブジェに子どもたちは反応します。絵本やアニメで見知ったキャラクターを見ては「あれはミッキー」「こっちはミニー」と名前を呼びます。

その中に、知らないキャラクターを見つけたらどうなるでしょうか？　一緒に行った家族に「この子（キャラクター）の名前はなに？　誰？」と聞いてくるはずです。

ここでネームプレートが付いていたら「これはピーターパンに出てくるティンカーベル」という会話で終わってしまいます。

ネームプレートが付いていないことで、「誰だろうね」と家族の会話が生まれます。

ディズニーがコミュニケーションを意識していなければ、一般的な銅像のように、ネー

銅像の足元にネームプレートがない

ムプレートや説明書きを付けるでしょう。これでは会話すら生まれないかもしれません。

ネームプレートが付いていないことにより、あのオブジェは誰だったんだろう、という疑問が残り、パークで楽しんでいる間に思い出して盛り上がったり、家に帰ってからも会話のきっかけになったりするのです。

ディズニーの水飲み場の秘密

もう一つ、コミュニケーションを意識したものを紹介します。エリアのテーマに合わせてデザインされた水飲み場です。

コミュニケーションを意識したからこそ、水飲み場はこのデザインになったのです。パークの水飲み場は大人と子どもが向かい合って飲めるように水の出方が工夫され、親子が一緒に飲んでいると目が合うように設計されています。

コミュニケーションを念頭に置いて考えたからこそ、このようなデザインになりました。目が合い、コミュニケーションのきっかけになることで、楽しんでもらおうというディズニーらしい考え方です。

関西の有名なテーマパークの水飲み場も、大人用と子ども用で高さが違うものが並んでいます。

ステンレス製でデザインはディズニーパークと同じように高さを工夫しているように見えますが、この水飲み場、ディズニーのものとは異なる作り方になっています。実は、水の出方がディズニーとは異なり、飲んでいるときに目を合わせることは難しいのです。なぜこのデザインで、この水の出方なのかの理由は不明ですが、この制作の理念や方針がしっかりしていれば、問題ないのだと思います。

ディズニーの水飲み場(上)だと、
水を飲むときに視線が合う。
別のテーマパークの水飲み場(下)だと、
視線が合わない。

ディズニーパークはテーマ性に合ったデザインの水飲み場にしたため、既存のものより数倍の費用がかかっています。

あなたが企画担当者だったとして、責任者に「どちらの水飲み場にしましょうか」とこの二つを提案したとします。責任者がコストのみを考慮しているのであれば、安価なものを選択するはずです。

しかし、価格だけで決められるのであれば、経営なんて簡単なものです。パークの水飲み場の場合、安価なものより、高価なものを選択できたのは、しっかりとした理念があり、キーワードやコミュニケーション、チームワークの重要性を社内で共有できているからです。

常連さんか、新規顧客か

経営の中心には、理念やコンセプトがきちんと据えられていなければなりません。企業や組織は、理念を基本にした判断基準や行動指針で動く必要があるからです。

神戸の有名ホテルのレストランで起こった事例を紹介します。

夕食時に騒がしいグループがいたのですが、スタッフは注意せず、他のお客さまに「うるさくてすみません。今日は我慢してくださいね」のようなことを伝えたそうです。

明らかにおかしな対応ではないでしょうか。

実は、その騒がしいグループはレストランの常連で、スタッフが注意したことで足が遠のくと売り上げが落ちてしまうことを支配人は懸念したそうです。

マネージャーの行動の根底にあるのは「売り上げ第一主義」です。マネージャーは上層部からいつも、売り上げのことをうるさく言われていたので、売り上げが落ち、自分の評価が下がることを恐れたため、常連を注意せず、他のお客さまに我慢をさせる、という判断をしてしまったのです。

この出来事がパーク内で起これば、マネージャーは騒がしいゲストに注意をしたはずです。その際、そのゲストにも他のゲストにも不快な思いをさせないような伝え方を考えます。他の人に聞こえるような声のトーンで「お静かに」とお願いすると、恥をかかせてしまいますので、小声でさりげなく注意したり、主だった人、もしくは年長者らしき方にお願いのメモを渡したりします。

伝え方が不快に思われなければ、そのゲストにも良い思い出のひとつとなるでしょう。このような対応をすることにより、双方のゲストがリピーターになってくれることもあるでしょう。

この神戸のホテルにも理念が存在します。しかし、ホテルの経営者とマネージャーとの理念の理解が相違し、共有されていなかったのです。理念が存在したとしても共通の理解ができていなければ、マネージャーは売り上げの数字でしか営業判断ができず、そこに居合わせたお客さまのフォローができないのです。

これはレストランの事例ですが、他の業種でも目の前の利益さえ確保できればいい、短期の数字しか見ていない企業は少なくありません。だからこそ、企業としての理念が必要になるのです。

ゲストのメリットを最優先で考える

東京ディズニーランドのプロジェクトが始まった頃、ディズニーパークの経験がある社員は私だけでしたが、開業前にオリエンタルランドの社員が三カ月から半年ぐらいの期間をかけてアメリカのディズニーパークに研修に行っていました。

戻ってきた研修生は、みんなディズニーの理念を理解していますから、同じ価値を共有できるので、社員同士は目指す方向が同じになります。「これは理念に反しているからやめようよ」「これは理念に沿っているから大丈夫」など、新しいプロジェクトも加速度的に進むようになりました。

東京ディズニーランドのグランドオープン後、私が「ブルーバイユー・レストラン」の店長をしていたときに、こんなことがありました。レストランは「カリブの海賊」のアトラクション内にあるのですが、入口が少しわかりづらい場所にありました。「カリブの海賊」のアトラクションからも見えるので、「雰囲気がよく、あのお店に行きたい」と思うゲストも多く、アトラクションを終えて出てくると、場所がわからずに、諦めてしまうゲストや問い合わせが多くありました。

そこで対策を練って、コスチュームを着たキャストにメニューを持たせ入口付近で「こちらがブルーバイユー・レストランです」とインフォメーションをしました。すると、別の部署のマネージャーから、「あれは客引きじゃないか、パーク内でそういうことをするのはよくないのではないか」と意見が出てきました。

そんなとき、他のマネージャーが別の考え方を出してくれました。

「あれは客引きじゃなくて、インフォメーションだよ。あのレストランはわかりづらくて、困っているゲストがたくさんいる。そのためのインフォメーションなのだから、問題ないよ」と。

このおかげで、インフォメーションを続けられることになり、多くのゲストが迷わずに利用できるようになりました。

この意見を出してくれたマネージャーは「ミスター・ディズニー」と呼ばれるぐらい理念を守り通す人でした。


人はそれぞれ価値観が違いますから、ひとつの行動にも相違が出てきます。

認識の相違をなくすために、ディズニーではゲストにメリットがあるか、ということを常に優先して行動します。

この事例も、売り上げを上げるという目的ではなく、ゲストのメリットを最優先するために実行されました。

ディズニーパークだけでなく、他の企業でも顧客のメリットになるかどうかを考えて動けば、全体的な業績向上につながり、リピーターを増やす重要な要因になるはずなのです。

ミッション・ビジョン・バリュー～理念と天国のお子さまランチ

ディズニーパークにはよく、「感謝の手紙」が届きます。キャストの対応で感動したゲストが送ってくださるのです。

その「感謝の手紙」で有名なものに「天国のお子さまランチ」があります。

パーク内のレストランに来店されたご夫婦が、お子さまランチを注文しようとされました。しかし、本来は子どもしか頼めないメニューです。不思議に思ったキャストが尋ねると、亡くなったお嬢さんと一緒に来たかったとのこと。

キャストはご夫婦を「三名様、こちらにどうぞ」とテーブルにご案内しました。そして、テーブルにはお子さま用の椅子をセッティングしたのです。もちろん、お子さまランチもお持ちしました。お帰りになるまで「三名様」として接客をしたのです。

ご夫婦は、本当に家族三人で食事をした気持ちになれた、と感動されて、お手紙を送ってくださいました。

この「天国のお子さまランチ」の対応はマニュアルにはありません。これは担当キャストと店長の独自の判断でした。ご夫婦が最も望んでいることを、最も望まれているかたちで提供したのです。理念であるパークの「ファミリー・エンタテイメント」に沿った対応だったのです。

ディズニーパークには様々なゲストが来園されますから、いろいろなことが起こります。すべての対応をマニュアルに記載することは不可能ですから、キャストは、ゲストが望むハピネスを見極め、真摯に対応することによってゲストが笑顔になってくださることが、キャストの幸せでもあるのです。

長い年月、業界をけん引しているビジョナリー・カンパニーにはしっかりした理念があります。第二章では、理念とキーワードによって向上するディズニーパークの付加価値をもとに、プロフェッショナルとは何かを考えていきます。

コラム リワインドクロック

二つの大阪万博の間で

大阪市で予定されている国際博覧会、公式略称「大阪・関西万博」が二〇二五年に開催されます。それ以前の一九七〇年には大阪万国博覧会が開催されました。当時、私は高校二年生でワクワクする気持ちで会場を訪れたことを覚えています。

その会場ではじめて海外から上陸したのは、今では当たり前となったケンタッキー・フライド・チキンなどのレストランチェーンです。まだまだ、洋食というものが身近な存在ではない時代でした。その頃から、ファストフードやファミリーレストランが驚くほどのスピードで日本全国に広がり、フランチャイズチェーンという言葉も紙面を賑わせていました。内容はさておき、その頃から本部や本部制という言葉が広まりました。

最近考えることは、企業の本部や管理部門というのはいつから偉くなったのかということです。

ディズニーという企業を離れて、その後は様々な企業の業務改善に携わっていました。伸び悩んでいる企業に共通しているのは管理部門や本部が必要以上に幅を利かせ、威張っているのです。確かに、本部や管理部門は人事権をはじめ様々な権限を持っています。(個人としてではなく部の職務としてですが)

店舗や現場では、本部や管理部門のスタッフが来るとなると現場の人たちがビクビクするのです。理由はそのスタッフが権限を持っているため、現場のスタッフは嫌われたくないのです。問題なく、何とか無事に、過ごせればと。

これはおかしいと思うのですが、皆さんはどう思われますか。

本部や管理部門は現場を管理しているから、偉いなんてとんでもない勘違いです。本来の本部や管理部門の仕事は何でしょうか？　本部や管理部門の仕事は現場部門の仕事がスムーズに進むように手助けし、問題解決の協力をし、共に企業の成長や従業員のために補助をする業務であると私は考えています。

もし本部や管理部門といった肩書きに勘違いをするのであれば、名称を変更することをお勧めします。

名称の前か後に補助サポートという名を付けること。例えば、サポート本部や総務現場援助部、人事教育サポート部というのはどうでしょう。そうすることで、本部や管理部門の業務が明確になり、現場のスタッフと前向きに向かい合えるようになることで企業の業績アップが期待できるのだと思います。是非、企業のトップの方、ご検討ください。

第2章

プロフェッショナルと付加価値

全力で役割を演じることとホスピタリティ

日本とアメリカのプロ野球で活躍された松井秀喜さんがＴＶでこのような内容を話されていました。

「僕は毎試合、毎試合、全力でプレイをしていた。今日試合を観に来たお客さまはこれが初めてかもしれないし、これで最後かもしれない。だから、お金を払ってくれたその人たちの前で、やる気のないようなプレイをするなんて失礼な話だ。そういうのはプロフェッショナルじゃない」

当たり前のことだと思われるかもしれませんが、選手も人です。スランプもありますし、気分や体調がすぐれないときもあります。、気が緩んでしまうこともあるのです。そんな中、いつも全力で試合に臨んできた彼は、やはりプロフェッショナルだなと思います。

付加価値を高める効果的な方法には、働く人の技術や言葉づかい、立ち居振る舞い、笑顔、気づかいや商品知識の向上を計るための人財教育が不可欠となります。

ディズニーパークでも、キャストには「いつも初演の気持ちで臨み、全力で役割を演じ、ゲストに最大限の思い出づくりのお手伝いをしましょう」と伝えています。キャストが役割をしっかり演じなければ、ショー全体が意味のないものになってしまう。ゲストの一日が台無しになってしまうのです。

また、「すべてのゲストをＶＩＰと考えなさい」とも伝えます。ホスピタリティは、その時、その場、そのゲストに対して発揮されるものです。予約をしたり、貯めておけるものではありません。

だからこそ、ホスピタリティにゲストが感動してくださるのです。

ディズニーパークのキャストは研修をすべて終え、トレーナーのチェックをクリアして現場に出てきますから、与えられた役割をきちんと演じて、ゲストが支払う対価に見合った付加価値を提供します。キャストは全員がプロフェッショナルでなければならないのです。

基本を理解した上で、更にゲストの状況に合わせた対応をすることでホスピテリティが向上します。ホスピタリティが高くなると付加価値も上がります。そうすることによりゲストの満足度も向上し、この繰り返しが感動につながります。
キャストも、ゲストの感動を肌で感じますから、自分の仕事を誇りに思い、働くモチベーションも向上します。

企業理念と考える力をつける教育は、突発的なアクシデントのときに強さを発揮します。その最たるものが、東日本大震災での対応だと思います。

あの震災では壁の一部に剥落などの被害が出ましたがパーク内への影響はほとんどありませんでした。でも、建物が崩れてくる可能性はゼロではないため、キャストはゲストを避難誘導しました。そのとき、ショップのキャストが「頭にのせて、万が一に備えてください」と、ゲストたちにぬいぐるみを渡していったのです。その時、その場でゲストに何が必要なのかを考え、全力で行動したのです。非常事態にキャストが咄嗟に判断できたのはキャストが理念をしっかりと身につけていたからです。

ホスピタリティはへりくだることではない

技術の革新はコストさえかければ、同業他社と横並びになります。そこから抜け出すためには付加価値をつけなければなりません。

例えば、同じ商品を同じ価格で買う場合、買い手は対価に見合った、あるいはそれ以上の付加価値を受け取ろうとします。その時、判断されるのはホスピタリティの質です。

ホスピタリティは、日本語で「おもてなし」などと訳されますが、解釈はさまざまです。サービスとホスピタリティを分けるという考え方もありますし、同じという意見もあります。

私は決まった方法やテクニックがサービスで、それ以上のものがホスピタリティだと思っています。ディズニーパークはより質の高いホスピタリティを提供できるよう、人財の教育に経費と時間を費やしています。

東京ディズニーランドがオープンした当時、歌手・三波春夫さんが言った「お客さまは神さまです」というフレーズが流行っていました。この言葉に象徴されるように、サービス業界には「金を払っているのだからお客さまの言うことは全部正しいものと思え」という風潮が根強く残っていました。

松本幸四郎（現白鸚）主演の「王様のレストラン」というドラマでは、「お金さえ払えばいいんだろう」と無理難題なサービスを要求するカップルの客が来店しました。当時は、どんな無茶を言われても店員は受け入れて当然という傾向がありましたが、このドラマではギャルソンが無茶を言う客を追い出すといったシーンがありました。

ドラマは現実とは違いますが、私もレストラン側がお客を選んでもいいと思っています。お客さまの無理難題を従順に受け入れる必要はありません。お客さま自身に「楽しもう」「美味しいものをいただこう」という気持ちがなければ、スタッフが一生懸命にサービスや料理を提供しても、食事を楽しむことはできません。ホスピタリティは、お互いが、対等の立場で楽しめることがハピネスを生む本当のかたちなのだと思っています。

ディズニーで働いていた人はどこにでも就職できる！

私がディズニーワールドにいた頃、「ディズニーで働いていた人は、退職後も、どこにでも就職できる」と言われていました。それほど、ディズニーの教育のクオリティーが周知されていたのです。これこそが企業のブランド力だと思います。

ディズニーパークで働くには、一日だけのアルバイトや通訳の方であったとしても、ディズニー・ユニバーシティでオリエンテーションを受けなければなりません。ディズニーの精神や基本理念を学び、どう行動すべきかを身につけた後、ゲストに接することができるのです。

ゲストにとっては、対応するキャストが新人でも、ベテランでも、「ディズニーパークのキャスト」だからです。

ホテルやレストラン、スーパーなどに行くと、名札に「実習中」や若葉マークを付けているスタッフを見かけます。意味としては「実習中なのでミスします」や「対応遅いです」であると推測できます。ただこれはお客さまに許容や忍耐を一方的に要求しているようで、「変だな」と思われませんか。

私は、そのような方法はマネジメント側の単なるエクスキューズ（言い訳）に過ぎないと思っていますし、本来あってはならないと考えています。

なぜなら、お客さまは商品やサービスの対価として、対応する人がアルバイトであろうと二十年勤める社員で社員であろうと、同じ対価を支払っているからです。本来、価格の中には付加価値であるサービスのクオリティーなどが含まれていますので、その付加価値が提供できないのであれば、対価である金額も変わらなければならないと思うのです。

対価に見合ったサービスができてこそ、提供商品なのですから、企業は自信と誇りを持って、プロを送り出さなければならない義務があるはずです。

ディズニーパークのネームタグには名前だけが書かれてあり、「見習い中」「研修中」などの表記は一切ありません。対価に見合った対応ができるよう、教育が行き届いている自負があるからです。

とはいえ、経験が少ない場合、いろいろと戸惑うこともありますから、新人の傍には、フォローする先輩がついていたり、日常の教育を実施しているのです。

先輩たちの対応を見聞きした新人が経験を積んでいくと、基本的なサービスに、自分の個性を加えるようになります。これも「付加価値」と言われるものです。

ゲストが「気持ちのいい対応をしてもらったな」「すごく楽しかった、来てよかったな」と感じる対応は、基本がしっかりしているからこそ成り立つものですし、リピーターになってもらえる可能性も増えます。

では、この「付加価値」について、もう少し掘り下げていきましょう。

付加価値を考えると、価格の「理由」が見えてくる

企業が提供する商品に対して必ず価格が設定されています。

経理上は、売り上げから原価を引くと粗利益が出ます。一般的にはその粗利益が付加価値となります。

ここで言う付加価値とは、具体的にはどのような内容が含まれているのでしょうか。

学生たちに「付加価値とは何か」を教える際、「うまい、やすい、はやい」というコンセプトで有名な牛丼店を例に出すことがあります。

例えば、牛丼一杯が三九〇円としましょう。いつもと同じお肉、味つけ、いつもの丼で出てきて、カウンターやテーブルで食べる。美味しいし、注文したものが出て来るのも早い。これに満足するので、リピーターになるのです。つまり、お客は対価に対して満足のいく付加価値を認めたということになります。

また、それとは反対に、牛丼店が神戸牛を提供し「うまい、やすい、はやい」というコンセプトから逸脱した一万円のステーキを出すことになったとします。

仕入れ値や人件費や光熱費を考慮すると、牛丼店の儲けはほとんどない状態です。

学生たちに、「牛丼店でこの一万円のステーキを食べますか」と聞くと、ほぼ全員が「いいえ」と返答しました。「牛丼店の店内は一万円の料理を食べる雰囲気ではないから」との理由でした。では、彼らの言う「雰囲気」とは具体的に何を指しているのでしょうか。

牛丼店とホテルのステーキハウスの相違点をハード面（目に見えるもの）で比較すると、内装で使用されている壁や床の素材やデザイン、テーブルや椅子の素材や大きさ、隣のテーブルとの距離、店内で流れているＢＧＭやスピーカー、食器やカトラリー、グラス類、また、素材のクオリティーや手間のかけ具合といったところでしょう。そしてソフト面（目に見えないもの）ではサービスの技術や言葉づかい、立ち居振る舞いや商品知識、ユニフォームなどに両者の違いがでてきます。もちろんスタッフに費やす教育費や時間も関係してきます。これらが「雰囲気」を構成している要素であり、顧客が付加価値として意識的、無意識的に感じ取るものなのです。

例えば、ディズニーパークにあるクリスタルパレス・レストランの床にはとても素敵なカーペットが敷かれています。これは特注のカーペットで「十九世紀末の社交パーティー」の雰囲気を醸し出すために採用されています。

ホテルのバーでカクテルを頼むと遅滞なく提供されますが、以前、注文を忘れられていたことがありました。街の居酒屋であれば混在時はそのようなこともあるのかと諦めることもできますが、ホテルのバーの価格には、その空間での時間も付加価値として含まれていると私は思います。

就職活動中の学生は会社訪問を義務付けられます。学生に会社訪問をする理由を尋ねると、「行けと言われているので」「みんなが行くので」と答えが返ってきます。

私は、その企業の決算報告などの数字からでは読み込めないものを自身の五感で感じ取るためだと思っています。先輩たちから感じ取る企業の雰囲気や組織のコミュニケーションの良さ、従業員食堂の雰囲気や上司と部下との関係性など、肌で感じるために会社訪問は必要なのです。

「数字だけに偏った見方をしないために企業訪問があるんだよ」と説明しています。

数字からは読み取ることができない、目に見えない企業の雰囲気に含まれる付加価値を自身の五感で感じることが大切なのです。

東京ディズニーランドの入園料とリピーター

東京ディズニーランドの1Ｄａｙパスポート（どちらかのパークのみ利用可）は現在七五〇〇円（二〇一九年十二月現在）。これがもし、二万円であれば今ほどの入園者数を確保することは難しいと思います。

それはゲストが入園料が高いと感じるからです。つまり、

商品＋付加価値＜価格　となります。

逆に、千円の価格のものに五千円の価値を感じることができれば、

商品＋付加価値＞価格　になります。

しかし、販売する商品は基本型としては

付加価値＝価格　でなくてはならないはずです。

ゆえに顧客のリピートを必要とする仕事であれば

付加価値＞価格　の形が必要となります。

あなたが販売している商品の付加価値は、どのようになっていますか？

この∨や∧という判断は顧客の価値観の違いによっても変わることでしょう。

フランスやイタリアの有名ブランドのバッグや化粧品は一般的な価格の十倍、時には百倍もすることがありますが、購入者が存在し、その商品が継続して販売されているということは、その価値を認めている人たちがいるという証なのですから。

映画館や遊園地などの入園チケットにはハンディキャップの方への割引制度がありますが、ディズニーパークにはありません。

ハンディキャップの有無にかかわらず、同一料金なのは、誰もが同じようにパークを楽しめるからです。

ゲストによって提供する付加価値が変わる設備や応対ではないというディズニーの自信の現れなのです。

ディズニーパークの現在のチケットは、付加価値∨価格となり付加価値が少し上回っているため、十分に付加価値を感じられることが女性受けする秘訣なのです。

女性が友人たちとの会話の中で「実は世界旅行をしたの」と話しても、恐らく行ったことがない人が大半でしょう。規模や金額が大きいため、聞かされている友人たちは「へぇ、すごいね」と心の中で（なに自慢してんのよ）と思いながら相槌を打つしかありません。

でも、これが「先日ディズニーに行ったの」となると、反応は違ってきます。ディズニーファンの女性は多いので共通の話題として取り上げられることがよくあります。ディズニーに行ったという話題は少しだけ自慢ができますが、友人たちは自慢とは取らず、次に自分たちが行くときのための情報として好意的に受けとめるでしょう。

少しだけ高額だけど、楽しかったことを話題にできるというところにディズニーの女性人気の根強い理由があると思います。

「記憶に残る」から「心に残る」へ

東京ディズニーランドの開園よりも前に、ある企業がディズニーランドを日本に誘致しようと試みたことがあります。ディズニー社にそのつもりはなく、契約締結には至りませ

ディズニー流「サービス方法」の考え方とは・・・

今、この瞬間が
一番大切
全てのゲストはVIP
毎日が初演

んでしたが、その日本人の熱意に打たれて経営のノウハウや一部の技術をディズニー社が提供しました。ディズニーとの交渉は進みませんでしたが、その企業はディズニーそっくりのパークを開園させたことでウォルト・ディズニーを激怒させたというエピソードがあります。

この遊園地は一時、話題になったものの、低迷し閉園となりました。

ディズニーパークを模倣したのになぜ閉園に追い込まれたのでしょうか。東京ディズニーランドと見た目が同じものであれば、年間一千万人のゲストが来園しても不思議はありません。建物などのハード面はそっくりに建てられても、中身であるソフト面

（ホスピタリティや教育など）の構築ができていなかったために、ゲストが心から楽しめずにリピーターがなかったことが、失敗の主たる理由だと思うのです。

ある調査によると「記憶」の要素は視覚によるものが八七％で、残りは聴覚、触覚、嗅覚、味覚だそうです。つまり、五感のうち、目に見える視覚によるものが記憶の九割近くを占めるのだそうです。視覚以外のものは目に見えず、軽視してしまうことはないでしょうか。

しかしテーマパークのようなホスピタリティ業にとって顧客の「記憶に残る」ということは必要ですが、「心に残る」要素も大切にしなければなりません。心に残る要素が「感動」へと導くものだと思っています。つまり、視覚だけでなく、聴覚、触覚、嗅覚、味覚に訴えかけるものを創りあげなくてはならないということです。

私の妻が「もし、あなたのことが嫌いになったら、あなたの匂いがまずイヤになる」と言っていたことがあります。個人差はあるかもしれませんが、嗅覚と感情が密接に結びついているからこそ出る表現だと思うのです。

嗅覚だけでなく、味覚や聴覚、触覚も感情を動かす要素ですから、本来ならば五感は等しく大切でなければいけないはずですが、視覚ばかりが重要視されてしまうのが世の常のようです。

「大切なものは目に見えないんだよ」という『星の王子さま』の有名なセリフがありますが、私もそう思います。このセリフは、私たちの仕事にも言えることです。

リピーターを確保するために必要なのは「楽しかったね」という感情です。その感情は五感によって引き出されます。視覚は見えるものですが、それ以外のものは形がなく、目には見えません。だからこそ、これが重要な要素なのです。

来園されるゲストが五感で感じていただけるように日々、キャストは気を配っています。パークで過ごす中で、ゲストに不快な感情を生み出す何かがあったとしても、キャストはそれをフォローして、ゲストが帰路に就く頃には「楽しかったね」「また来ようね」と心に残るよう演出することがホスピタリティであり、それができる人がプロフェッショナルだと思うのです。

思い出ストーリーは無限大

ディズニーパークを何度も訪れるリピーターは、毎回違う思い出づくりを期待していることでしょう。

これは、イベントやシーズンごとに演出が変わるという意味だけではなく、「パークで過ごした一日」というストーリー的な思い出づくりです。

「パークで過ごした一日」がハッピーエンドではなくバッドエンドだったら、リピートしようという気になりません。でも毎回違うハッピーエンドだったら、何度でも来たくなると思うのです。

映画のストーリーは一コマ一コマがつながって成り立っています。音楽も音符がつながってひとつの曲として成り立ちますが、その曲の音符の一つが変わるだけで違う曲になってしまいます。

これはゲストそれぞれの思い出ストーリーに似ていると思うのです。キャストのひとりひとりの個性が生かされたホスピタリティの対応がストーリーの分岐点になっているの

ホスピタリティとは

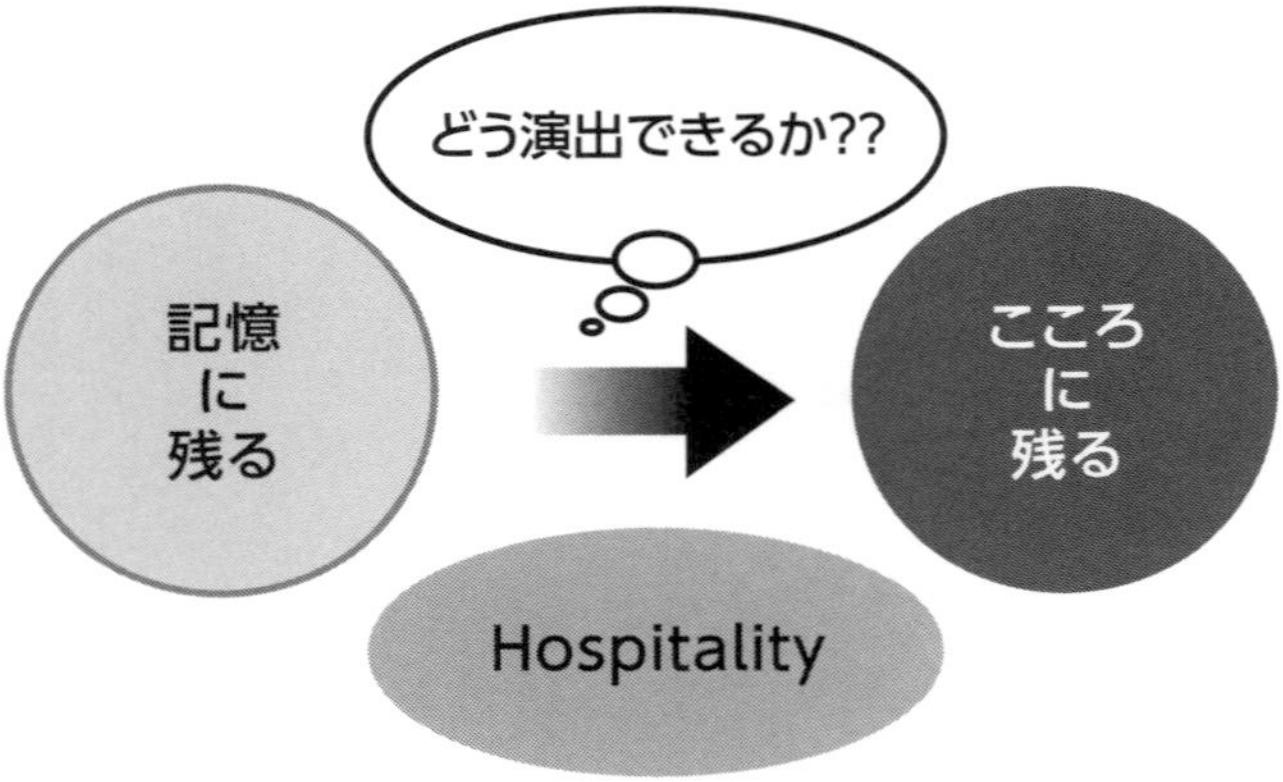

です。

ゲストが来園される目的はハッピーエンドの思い出ストーリーづくりです。キャストそれぞれのホスピタリティが常に求められています。

サービスやホスピタリティは、キャストの個性が生かされればこそ、ゲストの思い出ストーリーが無限大になるのです。

三つの「ショー」で構成

ディズニーパークの大きなアトラクションは、プレショー、メインショー、ポストショーで構成されています。

大型アトラクションでは、ゲストが並んでいる通路の内装もアトラクションに合わせてつくられ、ショーが既に始まっているようなワクワク感を演出したり、気持ちを高揚させるような仕掛けが施されています。その内装や展示の世界観が、映像や音楽からも伝わってくることで、メインショーをより楽しいものにすることがプレショーの大事な役割です。

メインのアトラクションが終わると、すぐ出口ということではなく、出口に向かう通路の内装や展示でも余韻を楽しめるようになっています。楽しかった、面白かった、また乗りたいという余韻的感情をゲストに感じさせるのがポストショーの役割です。

この構成、何かに似ていると思いませんか？

実は落語と同じなのです。マクラがあって、本題があって、サゲがあるのです。マクラは世間話や軽い小咄をすることで、観客を自然と落語の世界に誘います。サゲは最後を締めくくるシャレや機転の利いたセリフです。最後に大笑いさせたり、唸らせたりするサゲによって、その落語の後味が決まります。

このようにプレショー、メインショー、ポストショーという構成はディズニー独自の考えではありませんが、パークを楽しむために必要な要素として取り入れられています。

ディズニー流楽しませ方

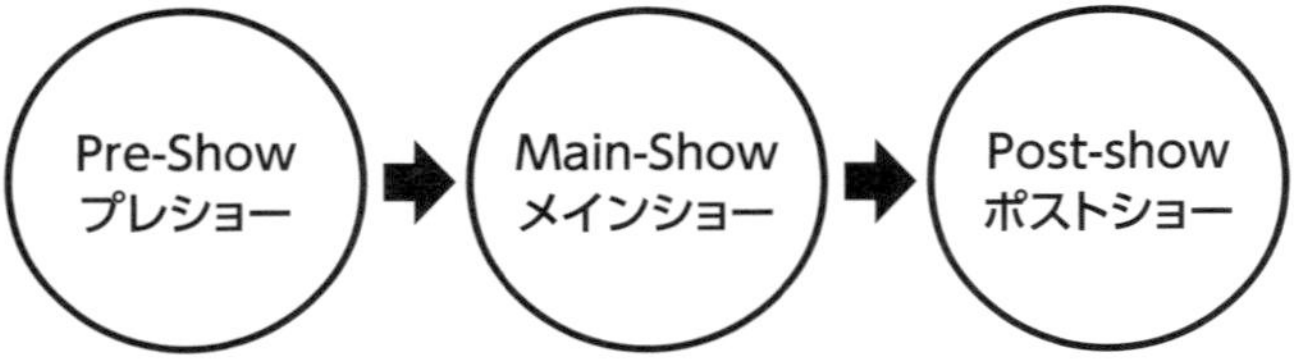

ストーリー

この構成はディズニーパークで過ごすことをメインショーとすると次のようなことも言えるのです。

「ディズニーパークで楽しむ」というメインショーのために、プレショーとポストショーがあります。

ディズニーパークに行こうと思ったときから、ショーは始まっており、ディズニーパークで楽しもうという計画がプレショーです。

どのアトラクションをどういう順番で回ろうか、食事はどこで何を食べるか、お土産には何を買おうかと計画するだけで楽しくなります。その楽しみを引き立てるために、パーク側も公式ホームページやＳＮＳなどでより楽しく、効率よく回れるよう情報を提供しています。

これまでパークを訪れたゲストのツイッターやインスタグラム、ブログなどＳＮＳの書き込みを見れば、楽しさが伝わってきますから、更に気持ちが盛り上がります。

ポストショーも、「ディズニーパークを楽しむ」というメインショーの余韻を味わう大事な時間です。

帰宅後は一緒に行った家族と写真の整理をしながらアトラクションやパレードの思い出話に花が咲くことでしょう。後日、一緒に行けなかった友達に話題や画像を共有することで、さらなる仲間意識や思い出の感情が蘇ります。ＳＮＳに情報をアップし、知らない人たちからリアクションがあることで楽しかった気持ちが持続します。現代のマーケティングではＳＮＳを広報や販促の不可欠なツールとして重要視し、積極的に活用する必要があります。ディズニー側もこうしたプレショー、ポストショーに役立つ各種ＳＮＳをチェックしていますし、公式でもインスタやツイッターを定期的に更新しています。ゲストの気持ちを盛り上げるよう、ディズニーパークも情報を発信する必要があるのです。

ホテルやレストランが各種のSNSを活用していないと、提供する商品や企業体制に自信がないのかなと感じてしまうことがあります。

SNSには企業にとってメリットもデメリットもありますが、現代はそれを無視することはできません。コメントなどからヒントを探し出し、今後の運営課題やイベント演出の参考にしていくこともあるでしょう。

危機管理の側面や、対応する時間がないという理由でSNSを活用していない企業もあるかもしれませんが、今や情報の裏側を隠そうとしても隠せるものではありません。

パークのバックステージエリアをキャストがSNSへ投稿してしまったこともあります。アメリカのディズニーパークでは、コスチュームを勝手に持ち出してネットで売るという事件も発生しています。

心ない興味本位のみの内容も多くありますが、ディズニーパークの場合はバックヤードの画像が公開されたとしても、清潔で、内装も魅力的にデザインされていることに、他社からは羨ましがられるぐらい整然としています。それがキャストのディズニーに対するロイヤルティが保てる理由でもあるのです。

現代では秘密を維持することは本当に難しいと思います。SNSで誰かが悪口を書きこんだ場合でも、その企業が誠実で速やかな対応をすることで従業員のやる気やロイヤルティが下がらずにすむのです。

ディズニーの五感への配慮

ディズニーパークではその世界観を守るために五感に配慮をしています。

例えば、聴覚もそのひとつです。ディズニーパークでは、迷子のアナウンスを一切していません。言われてみれば……ではないでしょうか？

百貨店やイベント会場などで、よく迷子のアナウンスがされていますが、ディズニーパークのショーというキーワードで考えると、アナウンスをしないことが世界観を守ることなのです。

パークは広い上に、家族のそれぞれが楽しむことに気持ちがいってしまうため、迷子になるお子さんは非常に多く、迷子のアナウンスをするとなると、かなり頻繁なものになるでしょう。

その情報が関連のないゲストにとっては不要なアナウンスで、楽しむことに集中できず、ディズニーの世界観に入り込むことができません。結果として、ゲストの不快な感情を引き出してしまいます。

では迷子のアナウンスをしないで、どのように対応するのでしょう。パーク内には、無線を持ったキャストが多数配置され、迷子を見つけたり、お子さんとはぐれたご家族のために、すぐに無線でセンターに連絡、センターから無線を持っているキャスト全員に、迷子の連絡が入り、服装や年齢、特徴などの情報を知らせて注意を促すのです。

この方法なら、すぐに対応できますし、稀に見つからない場合、家族とはぐれたお子さんは迷子センターで保護します。

センターでは、お迎えが来るまでディズニーのビデオや本、ぬいぐるみで不安な気持ちを和らげ、専門のキャストが子どもたちのケアをします。家族とはぐれた心細さを少しでも和《やわ》らげることで、子供たちの感情も緩和され、キーワードである安全性の確保、つまりゲストの安心感を醸成できるのです。

この迷子センターはサービス施設であり、直接売り上げに貢献する施設ではありません。

しかし、親御さんにとって「迷子になってもすぐに対応してもらえた」「子どもたちを大事にしてもらえてよかった」というプラス感情を持ってもらうことにより、ディズニーパークにまた行こうというリピーター要素となり、ディズニーのファンづくりのきっかけになるのです。

聴覚と言えば、各エリアでそれぞれＢＧＭが流れていますが、エリアの境目で音が重なることはありません。水音など自然な音色で、ＢＧＭの重複を防止しているのです。例えば、アドベンチャーランドからウエスタンランドの境目には滝があり、その滝の音がＢＧＭを遮断しているのです。

こうすれば、ＢＧＭが混ざり合うこともありませんし、ゲストも自然に他のエリアに移動することができます。

街場のレストランでたまに経験することですが、閉店間際に、お客さまがいてもスタッフが閉店のために片付け始めることがあります。いくらお客さまのテーブルから遠いところで作業をしていたとしても、片付けている音や雰囲気は分かりますから、お客さまは「早く清算をしてください」と言われているように感じます。実は、私が店長をしていたときも、キャストに注意したことがあります。「自分がそうされたらイヤでしょう?」と。

これは音が感情にマイナスに作用し、ホスピタリティの質を下げている例です。私たち人間は、本来、自分中心に考えてしまいますから、私たちが提供する付加価値の意味を理解できていないと、このような行動になりがちになるので、気をつけなければなりません。

触覚はSAFETY(安全)とも密接です。

カストーディアルという清掃担当のキャストはパークの営業中だけでなく、クローズ後の業務もあります。クローズ後はナイトカストーディアルの担当ですが、彼らは晴れの日も雨の日もパーク内の床を全部水洗いします。消防車に装備されているような太いホースの高圧洗浄機で全ての床を洗い流すのです。雨なのに意味がないと思われるかもしれませんが、雨だけで床のごみや付着物が全て取り去られるわけではないからです。

これは清潔さを維持するだけでなく、安全を確保するためでもあるのです。パーク内にはゴミはもちろん、危険なものがあってはなりません。夜中に床の水洗いを徹底することで、パーク内で赤ちゃんがハイハイしてもケガをしないという自負があるのです。

味覚も思い出ストーリーの一部です。美味しいものを食べれば笑顔になりますし、美味しかったというプラスの感情が、疲れた、お腹が空いたというマイナスの感情を上書きするのです。

厨房のキャストによれば、ゲストの笑顔を考えながらつくった料理と機械的につくった料理とでは同じ料理でも美味しさに差があるそうです。ゲストへの接客はなくても、日々、美味しいものを提供できるように、思い出ストーリーづくりのお手伝いをしているという自負があるのです。

安全性の確保のため、徹底的な衛生管理がされており、開業以来一度も食中毒は発生していません。

思い出ストーリーをつくるために

ウォルト・ディズニーがアニメで世に出始めた頃、彼は自分の幼い子どもたちを連れて遊園地に出かけました。子どもたちと一緒に楽しめるアトラクションがなく、一人ぽつりとベンチに腰を掛けポップコーンを頬張っていました。そして、ふと周りを見渡すとゴミがあちらこちらに落ちているのです。家族が一緒に楽しめる場所ではありませんでした。それが、ウォルトがディズニーランドをつくろうというきっかけになったようです。

五感の中で記憶に最も残りやすい視覚は、感情につながります。例えば、「閉園後は毎日清掃やメンテナンスをしています」と説明されていても、あなたが朝一番でアトラクションに乗ろうとした時に座席の下にゴミが落ちていたらどう思うでしょうか？

そのゴミからあなたの頭の中でどんどん連想が膨らみます。「ゴミチェックを担当者が見落としたのかな」↓「このゴミにも担当者が気付かないということは、メンテナンスはしていないんじゃないか」↓「このアトラクションに乗っても大丈夫なんだろうか」↓「このアトラクションがこんな状態なら、他のアトラクションもメンテナンスもできてないだろうな……」

はっきりと思考をしていなくても、この「イヤだな」という感情が不安へと作用していきます。ゴミ一つで、ゲストはそのアトラクションを楽しめなくなるばかりか、パーク全体の施設に不安を抱いてしまうのです。

ディズニーパークでは、ゲストにディズニーの世界観やテーマ性を楽しんでもらうために、視覚的工夫が施されています。

アトラクションを楽しむために電力や音響は必要ですが、電線やスピーカーを見せることはできないので、数えきれないスピーカーも目立たないように植木鉢の下の部分であったり、芝生の中や窓のデザインがスピーカーになっていたりと、思いがけないところに巧妙に隠れています。各エリアのテーマに合わせ、内装の壁を古く見せるようにエイジング塗装を施したり、郵便ポストや消火器もそれぞれのテーマに合わせてデザインしています。

同様にパーク内すべてのショップでは商品の精算業務などの経理処理が必要となるのでキャッシュレジスターを使いますが、ゲストからはできるだけ見えることのないようそれぞれのテーマに合わせたデザインでカバーされています。前章で、コスチュームを着たキャストが別エリアへも行き来できるように地下道があると書きましたが、この地下道は、商品や商材の搬入出作業の際にも使用されています。開園前の搬入搬出はゲストがいないので問題ありませんが、開園中に商品を補充する際は地下道を使用します。商品補充の台車やカートにもテーマ性に合わせたカバーを掛けています。

ディズニーパークではコストをかけて、パークのテーマ性を徹底的に追求し、維持しているのです。

大勢のゲストが訪れるパークでは、体調不良になるゲストが時々います。ファーストエイドと呼ばれる救護室で対応できないときは救急車の出動を依頼しますが、サイレンを鳴らしながらパーク内を通ることはできません。

救急車はエントランスからではなく、バックステージを使用することになっています。そのゲストがいる位置から一番近い場所に救急車を誘導し病院へ搬送することができます。他のゲストの目に触れずサイレンも聞こえないので、思い出ストーリーづくりを妨げることはありません。また、救急車で病院に搬送される際は、担当キャストが同乗し、ゲストが心細く感じることを少しでも軽減できるようにしています。

こうしたキャストの努力や施設の工夫によってディズニーの世界観が守られ、ゲストをハッピーエンドへと導くことができます。

見た目から安全性を想起するという点では、キャストのコスチュームも同様です。

汚れたままのコスチュームは見た目から不潔感を感じさせますが、その不潔感からバックヤードや倉庫も不衛生な状況ではないかとゲストに連想させてしまいます。

パークでは、コスチュームのクリーニングは会社経費で賄われ、キャストは毎回清潔なコスチュームと交換することになっています。クリーニング費用だけでなく、コスチュームが何万着も必要になるので、広いワードローブの維持や人件費も必要となります。コスチューム管理を個々のキャストに任せ、汚れたままのコスチュームを着用することが清潔なイメージを壊してしまうことは否めません。このことからも四つのキーワードがゲストの思い出ストーリーづくりのために必要なシステムであり、必要なコストであることがお分かりいただけると思います。

私は街場のレストランに行くと、職業病のような癖で、つい厨房のフード（換気扇）をチェックしてしまいます。毎日清掃し清潔に保たれなければならないと思う場所だからです。調理方法にもよりますが、フィルターは一日で油などによりベトベトになることもあります。フードが汚れたまま放置されているようでは、その店の衛生環境や運営状況が露呈してしまいます。

ゲストの五感への作用に敏感になれば、マネジメントがすべき作業やホスピタリティの課題が抽出され、原因が明確になり、環境が改善されることにより、キャストのモチベーションが向上するのです。

このようにホスピタリティの高いプロフェッショナルを育てるために、ディズニーパークではディズニー・ユニバーシティを中心とした教育システムが徹底されているのです。

プロダクションエリアとノンプロダクションエリア

プロダクションエリア（ＰＡ）とは売り上げに直接かかわるエリアやスペースのことで、ノンプロダクションエリア（ＮＰＡ）とは直接売り上げに関わらないエリアやスペースのことです。ディズニーパークで言えばオンステージとバックステージになります。一般的な施設の作り方はＰＡを中心にスペースがデザインされ、内装も経費をかけて仕上げられますが、ＮＰＡについては熟考し経費をかけることはまずありません。その考えは間違っていると私は思うのです。特に、日本の人口が減少し将来人手不足に陥ることは明白な事実であり、コンビニやファミレスの二十四時間営業が減少している理由はそこにもあります。人的経営環境は悪化の道をたどり、外国人労働者の雇用も視野に入れなければなりません。経営者や管理職は、従業員は経営陣と共に働く仲間という意識を持ち、大切にしなければなりません。

この章で述べたディズニーの安全性の確保やテーマ性の確保、五感への配慮は直接的な売り上げに結びつくものではありませんが、間接的に売り上げや顧客の確保に係る大切な事柄であることを認識しなければなりません。

最近、この認識が高く顕著に表れているのはトイレです。今でこそ、デパートや駅、イベント会場などのトイレは非常に清潔で綺麗になりました。それまで、本来はＰＡであるはずのトイレに、経費を費やすことは無駄だと思われてきました。汚れて臭っていることが当たり前でしたが、トイレが綺麗であることは集客に大切な間接的要因であることが認められた証拠です。また、外国人観光客が増える要因の一つとなっているのは疑いのない事実です。

ディズニーパークはバックヤードの整備を先駆けて実施しています。これを他山の石とし、経営陣は従業員の職場環境の向上、モチベーションアップ、離職率の低下のためにバックヤードの整備は不可欠ということに早く気づいてほしいと思っています。
第三章では、ディズニーの考え尽くされた人財育成について述べていきます。

コラム
リワインドクロック

高橋社長のこと

高橋政知さんがオリエンタルランドに入社したのは、浦安の埋め立て開発で多大な影響を受ける浦安の漁民との補償交渉のためでした。エリートなのに偉ぶらず、酒豪で気風の良い高橋さんは、気性が荒い漁民一人一人と直接交渉し、漁業組合のトップを料亭で接待し、補償問題は大きなトラブルなく解決しました。

その後、高橋さんはオリエンタルランドの社長に就任。銀行との融資交渉や、ディズニー社との契約交渉を進めました。

当初、ディズニーランド建築計画は世間から冷ややかな目で見られていました。当時、最も入場者数の多い後楽園遊園地でも年間二〇〇万人だったのです。融資を受けている銀行に提出した年間予定入場者数は八〇〇万人。「東京のど真ん中にある後楽園が二〇〇万人なのに、千葉の浦安で八〇〇万人も来るわけない」と言われていました。

一八〇〇億円もの資金を投入したプロジェクトがうまくいくのか？　共に働く私たちも

不安でいっぱいでした。会社の経費が足りなくなり、高橋さんは世田谷にあった豪邸を売り払い、奥さまと一緒に小さなアパートに移られたのです。そんな話を聞いたら、社員としても「絶対にこのプロジェクトは成功させてやる！」という気持ちになるものです。

私たちが夜中まで仕事をしていると、銀座あたりで飲んでいた高橋さんが浦安まで戻って来られて、私たちの肩をポンポンと叩きながら「大丈夫か、君たちが頼りだ」と声をかけてくれるのです。まっすぐ家に帰れば少しでも休めるのに、と思うとまた、「この人のためにやらないと！」と感じました。

高橋さんは人を鼓舞する天才でした。声がけだけで「一緒につくっていこうぜ！」という心意気がひしひしと伝わってくる、そんな人だったのです。

構想から二十五年かけて東京ディズニーランドがオープンしたとき、高橋さんは七十歳。ハードな仕事をしながらも、下っ端の私たちにはいつもニコニコしておられました。

八〇〇万人も来るわけがないと言われた東京ディズニーランドは、開園の四月十五日から一年間の集計で一千万人以上のゲストが来園し、その後も右肩上がりに来園者数が増えていきました。

高橋さんが社長でなければ、プロジェクトをやり遂げることは不可能だったと思います。

それほど、高橋さんの存在は大きかった。高橋さんのことを振り返るたび、人を動かすのはやはり人であると思うのです。

第3章

ディズニー・ユニバーシティ

人財育成のヒントは研修会場にもあった

私が新卒研修を受けた、アメリカのディズニー・ユニバーシティでの日々は驚きの連続でした。

まだ映像技術がスライドの時代でしたが、スライドは自動で進み、音楽も流れるという、当時アメリカでも二台しかない機材がトレーニングルームで使用されていました。スピーカーは有名な音響メーカーの巨大サイズのもので、カーテンもスイッチひとつで開閉する当時としては最新式のものでした。

トレーニングルームにこんなに費用をかけるなんて！と興奮したのを覚えています。

東京ディズニーランドに行ったことがある方はご存じだと思いますが、正面入口のエントランスの床は、レッドカーペットをイメージして赤く塗られています。

レッドカーペットというと、公式行事に要人や映画スターを迎えるために歩行路として用いられるもので、ゲストを要人やスターと同じようにＶＩＰとして迎え入れますというディズニーの気持ちの現れなのです。ディズニー・ユニバーシティの研修会場にもレッドカーペットが敷かれていました。

当時は驚いているだけで気づきませんでしたが、この「トレーニングルーム」の作りにディズニーの人財育成の大きなポイントがあります。

トレーニングを受ける人たち（トレーニー）の控室にも、さまざまな工夫が施されています。

初めて研修に臨むトレーニー達は緊張しているものです。気負ってもいるでしょう。ここでは折り畳みの椅子ではなく、ソファが用意されています。

ゆったりとした音楽が流れて、ディズニーのキャラクターグッズが置いてあります。私が入社した頃はテレビモニターが置いてあり、ディズニーのクラッシックアニメが流されていました。

このように環境が準備されると、自然とリラックスできます。もちろん、緊張感は大切ですが、緊張が勝ると頭の中が真っ白になりトレーニング内容をほとんど覚えていないという状態になりかねません。

プロのスポーツ選手が試合前に手足をぶらぶらさせながらストレッチをしているのを見かけることがあります。イチロー選手がバッターボックスに入る前に同じようにルーティンをします。リラックスすることで実力をフルに発揮するという工夫だと思うのですが、ディズニーのトレーニングルームの控室でもそれと同じ効果を狙っているのです。四十年以上も前から、ディズニーはリラックスする大切さをわかっていたわけです。

最新鋭の機材で囲まれ、床は事務所によく使用されているタイルではなく、カーペットが敷かれた部屋で研修を受けているところを想像してみてください。どう思われますか？私なら「会社から大切にされている」と感じます。

何を言われたわけでもない。それなのに、このトレーニングルームに足を踏み入れただけで「大切にしてくれる会社のために頑張ろう」という意識が生まれるのです。

床に敷かれたカーペットにも意味があります。静まり返ったトレーニングルームで講師やトレーナーを待つときに、足音が「コツコツ」とまるでスリラー映画のように聞こえてきたら、不安なうえに恐怖心さえ湧くかもしれません。こういった不要な緊張感を失くすためにカーペットが敷かれているのです。

リラックスする環境づくりは研修だけではなく、職場にも有効です。ピリピリしている職場では「ミスのないようにしないと」と気になり萎縮してしまいます。そうなると自分の意見があっても口に出すことができず飲み込んでしまうことになります。

反対に、働いている人たちがリラックスできて楽しそうな雰囲気の職場なら、さまざまなアイディアが浮かび、提案も恐れずにできることでしょう。

こうした雰囲気づくりは経営者や管理職の責任ですが、後回しにされる傾向にあります。なぜなら、そのような環境の必要性や効果が証明しづらく売り上げに直接反映されるわけではないからです。

売り上げに直結する経費や即座に成果が出るものに重きを置きすぎて、職場環境の充実は二の次になることがあります。どう経費を使うかという意識が、多くの企業にはまだまだ欠けていると思うのです。

バックヤードは工夫と愛情に満ちている

ディズニー・ユニバーシティでの研修では、パーク内を歩きながらさまざまな施設の紹介があります。その中に、ウェアハウスという巨大な倉庫がありました。二千坪はありそうな倉庫はゲストから見えないバックヤードに設置されています。その巨大倉庫には当時、画期的な仕組みがありました。

商品の入れ替えはＦＩＦＯ（ファーストイン・ファーストアウト）が基本です。先入れ、先出しを守らなければならないため、通常であれば新しい商品が納品されたら日付の古い商品を一度棚から出して、新しい商品を棚の奥に入れて、手前に日付の古いものを積んでいく作業になります。

商品数やサイズも膨大なので、積み替えはフォークリフトを使用します。驚いたことにその巨大倉庫の棚の後ろには作業用の通路があり、棚にはすべて傾斜がついていました。コンビニの飲料の棚と同様、商品を一つ出すと次の商品が前にスライドする仕組みなので、新しい商品を棚の後ろの通路から棚に詰めていけば、日付の古いものを毎回棚から降ろす必要がなく、作業効率よくＦＩＦＯ作業ができるシステムが構築されていたのです。

今でこそ店舗などでよく見られるシステムですが、初めて見たときは「すごい！」と驚きを隠せませんでした。

コンビニなどでこのシステムが導入されたのは、東京ディズニーランドがオープンして

お買い求めいただいた本のタイトル

■お買い求めいただいた書店名

（　　　　　　　　　　）市区町村（　　　　　　　　　　）書店

■この本を最初に何でお知りになりましたか

□ 書店で実物を見て　□ 雑誌で見て（雑誌名　　　　　　　　　　）
□ 新聞で見て（　　　　　　　新聞）　□ 家族や友人にすすめられて
総合法令出版の（□ HP、□ Facebook、□ twitter）を見て
□ その他（　　　　　　　　　　）

■お買い求めいただいた動機は何ですか（複数回答も可）

□ この著者の作品が好きだから　□ 興味のあるテーマだったから
□ タイトルに惹かれて　□ 表紙に惹かれて　□ 帯の文章に惹かれて
□ その他（　　　　　　　　　　）

■この本について感想をお聞かせください

（表紙・本文デザイン、タイトル、価格、内容など）

（掲載される場合のペンネーム：　　　　　　　　　　）

■最近、お読みになった本で面白かったものは何ですか？

■最近気になっているテーマ・著者、ご意見があればお書きください

ご協力ありがとうございました。いただいたご感想を匿名で広告等に掲載させていただくことがございます。匿名での使用も希望されない場合はチェックをお願いします□
いただいた情報を、上記の小社の目的以外に使用することはありません。

郵 便 は が き

料金受取人払郵便

日本橋局
承　認

7543

差出有効期間
2021年12月
31日まで

切手をお貼りになる
必要はございません。

103-8790

953

中央区日本橋小伝馬町15-18
ユニゾ小伝馬町ビル9階
総合法令出版株式会社 行

本書のご購入、ご愛読ありがとうございました。
今後の出版企画の参考とさせていただきますので、ぜひご意見をお聞かせください。

フリガナ お名前	性別 男・女	年齢 歳
ご住所 〒 TEL (　　)		
ご職業 1.学生 2.会社員·公務員 3.会社·団体役員 4.教員 5.自営業 6.主婦 7.無職 8.その他(　　)		

から二十年後くらいではないでしょうか。

棚の後ろの通路は、売り上げを生まないスペース、ＮＰＡです。コンビニでは店舗の面積が限られていますから、この作業スペースを設けるということは、できるだけ広くしたい売り場面積を削ることになります。

しかし、この商品棚の後ろから補充する方式は、働いている人たちの負担を減らし、商品の補充時間や労力も節約できるので作業効率も上がります。商品の品数と経費の対比となりますが、そこに気づき、販売面積を減らしてでもシステムを取り入れたコンビニも素晴らしいと思います。

以前これと似たようなことが、東京の有名デパートの改装の際に起こりました。基本的には売り上げを上げるために改装をするのですが、デパートの担当者としては売り場面積を増やすことはあっても減らすことは容易に納得しません。新しいアイディアは通路を広げるために売り場面積が減少する提案でした。当然激しい反対意見も出ましたが、新しいアイディアが採用されました。結果、売り上げは増加したのです。

ディズニーパークのバックヤードには、従業員食堂や銀行、郵便局、理髪店、コンビニなどがあります。日常的な用事はすべてパーク内で済ませることができるよう非常に利便性が高いものでした。そこまでキャストのことを考えた環境というのは、あの時代には考えられないことでした。

アメリカのオリエンテーションの際に、「ディズニーワールドで一番素晴らしい場所に従業員食堂をつくりました」と説明がありました。そう説明されると、キャストのことを大切にするディズニーを好きにならずにはいられなくなるのです。

売り上げに直接関わることのないバックヤードが充実しているのは、共に働く仲間たちを大切にするウォルト・ディズニーの精神と理念が生き続けているからです。

感情を大切にする教育

優秀な人財の能力をフルに発揮させるためには、秀れたシステムや環境が必要となります。人は理性で動くのではなく、感情で動く生きものと言われていますから、そのためには、リラックスできる職場環境を準備するだけでなく、働くモチベーションを向上させることが重要となります。

私も、こうすることが正しいとわかっているのに、行動に起こせないことが度々あります。「気持ちを盛り上げていきましょう！」と声をかけられただけでは、なかなか難しい場合があります。

ご自身のことを考えてみてください。誰かと一緒に仕事をするとき、気が合わない人とは積極的に仕事ができません。

でも、相性が合い、相手が一生懸命なのを見ると、自分も協力しようという気になりませんか？

ある調査では、人間の行動の動機は、感情が八割を占めるとの結果が出ているそうです。つまり人を能動的に行動させるには感情を動かすことが最も効果的だということです。

感情を動かすというより、感情を高めるという方が合っているかもしれません。

ここでは、感情を高める二つの方法を紹介します。

前述したように、ひとつは共に働く仲間に大切にされていると感じてもらうこと、もうひとつは働いていて楽しいと感じてもらうことです。マネジメントをする立場として、働く仲間を大切に感じさせ、楽しく働ける環境を整える必要があるのです。

ずっとこの企業で働きたいという魅力を提供し、実行していくことで結果的に社員が「優良企業」に育ててくれるのです。

ある会社は、阪神淡路大震災で工場が全壊し、他県への移転を余儀なくされました。社員たちに「倒壊した工場を片付けなければならないので、出勤してほしい」と依頼しましたが、従業員は誰一人として出勤しなかったそうです。

社長は「うちは従業員に愛されていない会社だったんだ」とひどくがっかりしたそうです。と同時に、作業員を大切にしていただろうかと振り返り、移転先では社員を大切にしようと、福利厚生に力を入れたそうです。

社員が「こういうクラブをつくりたい」「スポーツジムに安く行きたい」と要望があれば、たとえ一人であっても全て実現させていきました。

会社が自分たち従業員を大切にしてくれているなら、会社のために頑張ろうという心理が働いたのか、移転以降、辞める人もいなくなり、会社の業績も上がったそうです。

従業員が大切にされているという実感が仕事へのモチベーションとなる素晴らしい例だと思います。

ディズニーの離職率が低い理由は大切にされていると感じさせること、そして働いていて楽しいと感じさせること、この二つを徹底しているからだと思っています。

過去にディズニーで働いた経験のある人から「ディズニーはすごくよかったよ」と聞くと「実際に働いていた人が言うのだから間違いない」と思います。つまり、ディズニーを辞めたキャストが今度は広報マンとなってディズニーブランドのイメージを向上させてくれるのです。

肯定的な発言をしてもらえることが多いのは、キャストを大切にし、働いて楽しいと感じさせる教育の賜物《たまもの》なのです。

このような広報活動や教育方法を売り上げや数字で示すことは難しいのですが、やはり「大切なものは目に見えない」と言うことだと思うのです。

部署も年齢もキャリアも超えたコミュニケーション

ある企業の取り組みが、素晴らしいと思ったことがあります。

各部署から一人ずつ、年齢の違う人たちを選んで数人のグループをつくり、会社の経費で旅行をしてもらうのです。その旅行の目的は決めず、仕事の話もしなくていいことになっています。もちろん、話題にしても問題はありません。

この旅行の目的は「組織の横のつながりをつくること」だからです。

例えば新しいプロジェクトを起ち上げた場合、様々な部署のスタッフと協議をし、推進する必要がでてきます。そんなときに「その担当部署には、以前一緒に旅行したメンバーがいるから、その人に質問してみよう」となり、お互いのことを知っているので質問事項や確認作業、情報の共有が容易になりプロジェクトが非常にスムーズに運ぶのです。

ディズニーパークも会社主催で横のつながりを深めるイベントを行っています。

年に一度、ディズニーパーク閉園後に準社員のキャストたちをパークに無料招待して楽しんでもらうのです。もてなすのは社長以下、社員の役目で、社長がカストーディアルになったりします。

普段はスーツを着ている部長や課長がポップコーンを売ったりするわけですが、手際が悪く、うまくできなかったりします。そうすると準社員たちが方法を教えたりするのですが、それがいいのです。事務や管理職のキャストたちがオンステージの仕事を経験することに意味があるのです。互いの業務への理解が深まり、ゲストである準社員と交流することで、コミュニケーションが図れるのです。いくつものメリットがあるこのイベントは、今も続いています。

「いらっしゃいませ」ではなく「こんにちは」

ホスピタリティのなかでも重要視されるワードはコミュニケーションです。パークでゲストが楽しむための重要なツールのひとつは挨拶です。日本のディズニーパークでは、「いらっしゃいませ」ではなく、「こんにちは」を採用しています。オープン当初、サービス業でお客さまにこのような挨拶をすることはありませんでした。東京ディズニーランドがオープンする前、アメリカからマニュアルが届きました。英語で、「ウェルカム、トゥ○○」や、「グッドアフタヌーン○○」といった表現で書かれていましたが、翻訳会社からの日本語訳を見ると、全て「いらっしゃいませ」と表現されていたのです。

マニュアル担当だった私は、もしこのままの表現で「いらっしゃいませ」を採用したとすると、エントランスでチケットを買い、「いらっしゃいませ」と言われ、ゲートを通るときにも「いらっしゃいませ」、アトラクションに乗る時も「いらっしゃいませ」、ショップに入ると「いらっしゃいませ」、レストラン入ってもまた「いらっしゃいませ」と、一日中「いらっしゃいませ」ばかりだと、鬱陶《うっとう》しく感じると思ったのです。他部署の担当者は当初難色を示していました。「こんにちは」は、家族や近所の人、顔見知りへの挨拶という意味あいが強かったからです。つまり、私たちキャストとゲストは知らないもの同士で、初めて顔を合わせるゲストへそのような声掛けは失礼ではないかという意見です。

もし、ディズニーパークでキャストから「こんにちは」と言われたとして、不快に思うゲストはいないはずです。エントランスでは「いらっしゃいませ」にして、あとは「こんにちは」にする案にもなりましたが、語尾が「あ」行なので笑顔が出しやすいメリットもあることや、再入場のゲストもおられるので分けることは難しいため、全て「こんにちは」となりました。

「こんにちは」のあいさつは一般的にも徐々に受け入れられるようになり、数年後にはファストフード店やコンビニ、他のサービス業でも使われるようになったのです。

ディズニーパークは「世代を超えて、誰もが一緒になって楽しむことができる場所」です。「こんにちは」という挨拶は対等の関係ですし、「こんにちは」とキャストが声がければゲストが「こんにちは」と返してくれる可能性もあり、相互のコミュニケーションのきっかけになることもあります。「いらっしゃいませ」の声がけでは、ゲストは返答のしようがありません。「いらっしゃいました」とは返せませんし、「どうも」などで会話は終わってしまいます。

目線もコミュニケーションのために意識すべきことです。今でこそディズニーだけでなく各サービス業などで「お子さんと話すときは目線の高さを合わせる」は常識になっています。

私たちはディズニーの理念を理解し、コミュニケーションの大切さから、大人も子どもも対等に接することを心がけています。オープン当初、キャストがお子さんと話をするときに、しゃがんで目線を合わせるようにしていました。ディズニーの理念を考えれば、当然の行動ですが、それがさまざまな雑誌や新聞で取り上げられました。

同じ空間で楽しむためには、ディズニーパークの挨拶や目線を合わせるといったゲストとキャストの双方のマナーやコミュニケーションが不可欠となります。

ネームタグの意義

「こんにちは」でもわかるように、ディズニーパークはコミュニケーションを大切なキーワードと認識しています。ディズニー・ユニバーシティ卒業時にもらうネームタグもそのコミュニケーションツールのひとつなのです。

ネームタグには名字がローマ字で書かれています。ローマ字表記なのは、ゲストが日本以外のゲストの場合も想定しているからです。また幼いお子さんがローマ字を読めなくても、読み方を教えることがコミュニケーションのきっかけになります。

アメリカのディズニーパークではファーストネームと出身地が表記されています。同じ出身地のキャストというだけでゲストは親近感を覚えたり、そのことがゲストとのコミュニケーションのきっかけに使われています。

ディズニーパークのネームタグの特徴は三つあります。他の企業のサイズより大きいこと、肩書や担当部署が表記されていないことです。

ホテルや会社の名札は長方形が多いようですが、ディズニーパークのネームタグは比較的大きめでオーバル型（卵型）です。この大きさで名前しか書かれていないのは、五メートルぐらい離れていても名前が読めるようにという理由です。

ゲストにキャストの名前という情報を提供することで、キャストが「ちょっと」と呼ばれるより、「〇〇さん」と名前で呼ばれることがコミュニケーションのきっかけになるわけです。

ネームタグはキャスト同士のコミュニケーションにも活用されています。

ディズニーパークで働くキャストたちは二万人とも言われます。新しい準社員のキャストが一日で十人や二十人単位で入社してくる時期もあり、担当者がすべてのキャストの名前を覚えることは不可能です。そのためにも、ネームタグがあるのです。

ネームタグは社長以下バックヤードのキャストも、コスチュームを着ているキャストも同じように全員が付けています。

ディズニーの場合、ネームタグの目的はコミュニケーションツールですから、名前だけわかれば十分なので、肩書も部署も表記されず、社長であっても表記されているのは名前だけなのです。社長もキャストの一人ですから。

「社長」や「課長」といった役職名で社員を呼ぶ会社がありますが、肩書が双方に壁や距離をつくってしまうこともあります。

東京ディズニーランド開園当初、高橋政知社長は、うっかり「社長」と呼びかけると、「社長じゃないよ、高橋だよ」と言うほど、自らが名前で呼び合うことを徹底していました。

コミュニケーションを円滑にする方法はいろいろ考えられますが、肩書をなくすことが上司や他部署の人たちと気軽に提案や相談ができ、コミュニケーションを円滑に進めることができるのだと思います。

ディズニーは、ネームタグだけでも、なぜその文字やデザインなのか、理由を明確にできます。皆さんの勤務先の名札がなぜその形とサイズで、記載情報の意味を考えたことはありますか？

企業の大小にかかわらず、組織の風通しやコミュニケーションは大切なはずです。それはディズニーパークも同じで、ゲストとキャストの距離を近づける努力が、このようなネームタグの形になったのです。

肩書や部署などが書かれていないネームタグの他に、キャラクターと数字がついたピンをつけているキャストがいます。これは一定の勤続年数で渡されるものです。

東京ディズニーランドがオープンするときに、アメリカから社員が多数来日しましたが、このピンをつけている人が何人もいました。アメリカ企業では日常的に転職が繰り返されていると思われがちですが、そのアメリカで三十年、四十年と勤める人がいるディズニーは、キャストにとって、とても魅力的な会社なのです。

長く勤められるということは、自分の仕事に誇りを持っているだけでなく、居心地の良さも重要です。ディズニーがキャストを大切に考えることはキャストのロイヤルティにもつながるのです。

新人研修はなぜ、その場所でするのか

ネームタグもそうですが、すべてのものづくりには理由があります。これは、東京ディズニーランドオープンのプロジェクトに携わった私の実感です。

例えば、箱入りのスナック菓子の箱の大きさやフタのデザイン、素材や色などの選択には必ず理由があるはずです。

理由が必要なのはものづくりだけではありません。

企業によっては新人研修に会社の会議室やホテルの宴会場を使うことがあります。でも、なぜその場所を使用するのか理由と尋ねると、答えが返ってこないことがあります。

極端な話、「近くの公園を使えば無料だし、経費が節約できるのに」と私がそう尋ねると、担当者は「それはそうですが……」と返答ができない場合があります。今までホテルを使っていたからという慣例だけで今年も会場を押さえてしまい、その理由に気づいていないのです。公園を使わない理由も、公園を使った前例がありませんからということしか

言えないのです。

単純に考えればわかることなのですが、雨が降っても濡れないように、暑いときは涼しく、寒いときは暖かくするなど快適な環境で研修を受けてもらうために、会議室や宴会場を使用しているのだと思うのです。

会社のイメージもありますから、もし公園で研修をしたとして、新入社員は「私が入った会社はいったいどんな会社なんだ、こんな会社に入ったつもりはなかった」と感じてしまいモチベーションが上がることはありませんし、企業のイメージも悪くなります。

研修の終了後に説明されなかった資料に目を通したりするでしょうか。会社の経費をかけて作成しているのですから、資料をどう活用してもらうかを熟考し作成する必要があるのです。

そんなことは当然だと思われるかもしれませんが、さまざまなものに対して理由を考える習慣をつける必要があるのです。

新入社員研修が始まる前から、感情を盛り上げるコツ

ディズニーワールドのディズニー・ユニバーシティには研修前から驚かされました。当時はインターネットやPCが発達していませんでしたので、研修前には日時の確認のため、通常は確認レターが送付されてくるのですが、私が受け取ったのはInvitation Cardつまり、研修への招待状だったのです。

研修では数冊の分厚い資料が配布されますが、その資料すべてに私の名前がタイプされたシールが貼られていました。

研修資料が重いと帰り道で捨てられてしまうかもしれませんが、自分の名前が入った資料は捨てにくいものです。帰宅したあともう一度取り出して、眺める可能性も高くなることでしょう。

資料に自分で記名させる企業もあるかもしれませんが、先輩たちがわざわざタイプして貼ってくれたところに大きな意味があるのです。それほど時間がかかるものではないかもしれませんが、私自身は「先輩たちも歓迎してくれている」と感じたのです。

今ももちろん、東京ディズニーリゾートの研修資料に名前が記載されています。ディズニーワールドで働いているときも、誕生日には社長のサインが入ったバースデーカードが届きました。当時の社長は私のような新人は知らないはずですが、カードを受け取ってとてもうれしく思ったのを覚えています。

ディズニーはこういう感動させる手法が本当に上手だと思うのです。

社員研修では詰め込み型の講義が多く見られます。

私も企業の社員教育のお手伝いをしたことがありますが、終了後に印象に残ったことを尋ねても明確な返答は返ってきません。新人研修であれば社長の名前すら記憶に残っていない人もいます。

研修は本来、そのようなものなのかもしれません。三日間や一週間で会社に関する情報を詰め込んだとしても、結局はほとんど記憶として残ることはないのです。

では、トレーニングとは何でしょう。

トレーニングを実施することにより企業は何をトレーニーに期待するのでしょうか。期待する内容は知識を提供することや技術を身につけるようにすることだけでしょうか。新人研修では、それより重要なことはないのでしょうか。それに限って言えば、知識と技術以外に仕事の理由や目的、心得を伝え、彼らの不安を解消し、自信を吹き込むことが目的となるでしょう。

ディズニーの研修も歴史や理念など覚えてもらわなければならないことが多いのですが、研修をするトレーナーの姿勢によってキャストの研修に臨む態度も変わってくることがあります。

一般の研修では受付係がいて、研修生が席に着いたあとでトレーナーが入ってくるという流れですが、ディズニーはそうではありません。

トレーナーは誰よりも早く到着し、トレーニングルームの照明がすべて点灯しているか、ゴミは落ちていないか、椅子や資料の並べかた、不足がないかなどの準備や最終的なチェックを行います。

トレーナー自身が受け付けをすることで研修生の体調や顔色、緊張の度合いなどの様子を観察し、休憩時間の調整や、リラックスできる話題や作業から入るように工夫をします。

そのような準備の姿勢や受付での観察は、トレーナーの印象を良くし、受講者が積極的に研修を聞こうというモチベーションが生じ、受講者の鏡となり、「大切にされている」

ことが伝わっていくものです。

私も講演の際、時間が許せば私自身が受け付けをすることがあります。聴講される方々の年齢や性別、雰囲気などによって、話す内容や順序を変えることもあります。登壇すると、「あれ、さっき受付にいた人だ」と驚かれますが、聴いてくださる姿勢に変化が起きたり、場を盛り上げることで研修や講演も楽しくスムーズに進むことがあります。

研修で感情を盛り上げるコツ

ディズニーは「感情を高める教育」をしています。

ディズニーパークのキャストはこうあるべきと理論だけを伝えることは簡単ですが、それだけで伝われば苦労はありません。

ディズニー研修では「あなたたちは我々の仲間」という言い方をします。

東京ディズニーリゾートでアルバイトのことを準社員としたのは、正社員と同じく大切な仲間ですという意思表示なのです。

キャストを名前で呼ぶことにどのような効果があり、それが売り上げへ貢献していることを示すことはできませんが、名前で呼ばれることでコミュニケーションがしやすくなり、感謝の気持ちで笑顔が増えることは間違いないことでしょう。

そのような感情への気配りを少しでも多く教育に盛り込めるかが、人財育成のキーになるのではないでしょうか。


ディズニーパークのキャストは、初日に必ずディズニー・ユニバーシティのオリエンテーションで、創業者ウォルト・ディズニーのことやディズニーランドの歴史、理念についての説明があります。初日は各部署について細かく説明されないので、その後はパーク内のテーマエリア（新エリアオープンの二〇二〇年四月以降は八つ）の画像と共に簡単に説明があります。そのあと、数人ずつグループを組んでパーク内を実際に歩いて回るウォークスルーのカリキュラムへと続きます。トレーニングルームに戻ると、最後のプログラムとして、私がディズニーワールドで受けたオリエンテーションと同様の「It takes People」というコスチュームを着た笑顔のキャストが、音楽とともに次々と出てくるビデオを観るカリキュラムがあります。

何のために観せるのだろうと思うのですが、観終わると、ディズニーで働くのは楽しそうだなという印象を持つのです。

実はこれが研修の一番大切なポイントなのです。自分が笑顔で働いているところをイメージしやすく、新しい仲間の一人として歓迎されていると感じるのです。初めての場所、初めての仲間たち、不安だらけの心に楽しさと仕事に取り組む自信を与えてくれる最高のイメージトレーニングなのです。


この一連の研修が、ディズニー・トラディションと言われ、ディズニーの伝統や精神を伝えると共に、企業が働くキャストに「大切にされている」、そして働くことが「楽しい」と感じてもらうことが、オリエンテーションとして一番大切なことなのです。

私が東京ディズニーランドで働いていた頃は、教育プログラムに沿って動くだけでした。プログラムのマニュアルには、なぜこのようなプログラムなのかという理由はどこにも記載されていませんでした。

しかし、ディズニーの退職後に、他の企業のプロジェクトや人財育成業務、大学教育や本を書くことで初めて、オリエンテーションのトレーナーが受け付けをすることや「It takes People」の意義、キャストが「大切にされている」、そして働くことが「楽しい」と感じることが本来の目的であり、理由だと理解できたのです。

さまざまな決定方法や理由を考える習慣がついたのも、ディズニーでの経験が活かされたからだと思うのです。

Good Show と Bad Show

第二章にも書きましたが、付加価値は価格に見合ったものでなければならないと理解するためには、その仕事に必要な立ち居振る舞いや身だしなみ、知識や技術などが付加価値になることを理解できるでしょう。

ディズニーパークの理念と四つのキーワードからなる行動指針を基準にすれば、自然と言動の付加価値もついてきます。

私は「無意識の意識」が大切だと思っています。何か行動を起こすときに、教えられた指針に沿って無意識に身体が動くことが教育であり、そのための教育方法を常に考えることが企業全体として取り組むべき仕事であると思っています。

ディズニーパークの研修では、「Ｇｏｏｄ Ｓｈｏｗ」と「Ｂａｄ Ｓｈｏｗ」という言葉が使われます。いくつかの事例をあげて、「理念とキーワードから考えると、この対応はＧｏｏｄ Ｓｈｏｗですが、こちらは笑顔がないのでＢａｄ Ｓｈｏｗです」というように実際の行動の善し悪しを説明するのです。

ゲストにお手洗いの場所を聞かれたら「あちらです」と指さすのではなく、てのひらで示し、ゲストの反応を見て不安そうであれば案内するなど、常に心づかいが求められていることを研修で学んでいきます。

最初の研修では、現場の中で理念やキーワードを基本に自分で考え行動できる力を身につけてもらい、ゲストへの対応ができるようになることが目的です。

このときにはこのような対応でというマニュアルやパターンは無限大にありますので、すべてを学び実行することは不可能なのです。その時々でゲストや状況も違いますし、同じ対応をしても、このゲストは喜んでいただけたのに、違うゲストの時にはそうではなかったということも考えられます。

理念に基づく考え方や対応はゲスト、そしてキャストによって、それぞれの思い出ストーリーになっていくのは当然であり、自身の行動に自信を与えることが教育のもうひとつの目的でもあります。

役を演じるキャスト(コスチューム効果)

パークはひとつの大きなショーで、キャストはオンステージで自分に与えられた役割を演じます。役を演じるのですから、役柄を踏まえた上で行動をします。

演じるためには、オンステージに出る前に鏡の前であるべき役の姿をイメージしたり、行動するにもそれぞれのテーマのコスチュームが役立つのです。

東京ディズニーランのオープン当初、私が「ファンタジーランド」に勤務していた時のことです。年配の準社員の女性キャストたちが配属されました。ファンタジーランドのコスチュームは緑や赤の花柄模様のワンピースで、黄色いエプロンとスカーフのかわいいイメージのもので、当初彼女たちは「こんなかわいいコスチューム、私のような年齢では着られません！」とためらっていましたが、働き始め慣れてくるとともに「このコスチューム、とってもステキでしょ」という雰囲気で堂々と振る舞い、その場に溶け込み、生き生きと輝いているのです。

コスチュームが持つイメージに合わせて、キャストの意識が変わる、まさにコスチューム効果です。女性は特にコスチュームを着た途端、身も心も変わるというタイプが多いように見受けますが、現在のコスプレイヤーに通ずるものがあるのかもしれません。

彼女たちはとても楽しく働き、「お休みの日も来ていいですか」と聞かれたこともあります。楽しすぎて、休日もゲストやキャストと会いたいという気持ちだったようですが、出勤日以外に事故があると会社の責任も発生するので、許可はしませんでした。

コスチュームは、役に成り切るだけでなく、楽しく働くためのツールでもあったのです。

全体から詳細へ

ディズニー・ユニバーシティのオリエンテーション研修を無事に卒業した人たちは、アトラクションやエンタテイメント、ショップ、飲食、カストーディアルなどの各部署に配属されます。

配属されたとしても、すぐに現場に出られるわけではありません。配属先でまたそれぞれの研修が待っています。その研修日数は業務の種類によって異なり数日や数週間、一カ月以上の研修が必要な業種もあるのです。

私は食堂部の担当でパーク全体のレストランの説明から始まり、テーブルサービスやビュッフェサービス、ファストフードなどのサービス形態や、衛生管理の説明をします。さらに、コスチュームのフィッテングや貸し出し方法、自分の持ち場へのルート、昼食、休憩の方法など多岐にわたります。

食堂部全体と各ロケーションのオリエンテーションでも一週間はかかりますが、その間正規の給料が支払われるということからも、ディズニーパークがキャストを大切にしていることがわかります。

このように、教育はディズニー社のことからパーク全体、そして配属ロケーションの詳細へと進んでいきます。

どの企業や職種でもそうですが、「会社はこのような業務をしています、そしてあなたの仕事は全体の中のこの大切な部分です」と業務全体から次第に細かく説明することにより自身の仕事の重要性を理解してもらうことが大切です。それにより、たとえ単純作業と思えても、次の工程や全体の流れを考えながら仕事を進めることができるのだと思うのです。

壊れたキーボードとチームワーク

「ゆくｋｗのんｇれｈてずして、しｋももとのみずにｒず」

この暗号のような文章は、キーボードでローマ字入力したものです。ただし、キーボードのキーがひとつ壊れていたために、このような意味不明の文章になったのです。

壊れていたのは「Ａ」のキーで、そのキーが壊れておらず、本来の役割を果たしていれば、次のような文章になるはずでした。

「ゆく河の流れは絶えずして、しかももとの水にあらず」

鴨長明の『方丈記』の冒頭文ですが、たった一つのキーが壊れていたために、文章そのものが意味の分からないものになってしまいました。もし、この文章が、あなたの担当する作業の商品であれば、それは不良品となることでしょう。

「あなたのお仕事は、キーボードのキーと同じことです。手を抜くと、他の人の作業が完璧であっても、商品として提供でないものになってしまいます」

これはパーク内のレストランも同様です。食べ終えた食器を下げるお仕事でも、ガチャガチャと音を立てるとゲストが不快に思い、ディズニーパークで楽しく過ごしていても、不快なストーリーで上書きされてしまいます。ほかにも、乱暴に扱うことでお皿が欠けてしまい、他のキャストがケガをするかもしれません。

仕事はすべてディズニーパーク全体の一部分であり、別のキャストの仕事とつながっているのです。

ウォルト・ディズニーの信条や、ディズニーパーク全体のこと、部署でのそれぞれの仕事を説明すると、このセクションは全体のどの役割を担っているのかが理解できます。

自分の仕事は全体のどの部分を担うのか、自分の仕事は他の人の仕事と密接に関わっている、ということが理解できれば、提供する付加価値の内容も理解しやすくなるのではないでしょうか。

例えば、言葉づかいや所作に問題のあるキャストがいた場合、「あなたの技術はしっかりしているし、清潔感もあるけれど、言葉づかいがもう少し良くなれば最高だね」というように、これはできているから、ここを修正すれば素晴らしい、と指摘をするのがコツです。

研修の目的は「自信を与えること」だと私は思っています。業務の内容を教えることも大切ですが、その際、自信を与えるという目標を明確に設定すれば、研修プログラムはつくりやすくなります。

段階を細かく区切って徐々にレベルを上げ、結果だけではなくプロセスも褒《ほ》めて認める。そうすることにより、「自信を与えること」という研修の目標は達成しやすくなります。

本人も、他ができているのに言葉づかいだけで全て台無しになるのだと理解できれば、パーク全体の付加価値に影響がでないよう、自身の役を演じられるようになるはずです。

徹底したロールプレーイング

配属部署全体での研修が終わると、現場での研修となりますが、前述したようにディズニーパークでは「実習生」マークがネームタグについていません。ゲストが支払う対価に見合った応対ができるようになるまで研修が続きます。

実際の現場でトレーニングをするＯＪＴ（オン・ザ・ジョブ・トレーニング）の前に、職種によりますがロールプレーイング型のＯｆｆ－ＪＴ（オフ・ザ・ジョブ・トレーニング）があります。

トレーニングではキャッシャー業務の場合、キャストがゲスト役になり、レジ操作をするロールプレーイングを行います。レジ担当のキャストはゲスト役に精算を急かされたり、いろいろなパターンでトレーニングを積んでいきます。それによってキャストが作業を慌ててしまったり、急ぐあまり釣銭を間違えることがあります。混雑時でもマイペースでできるような人がレジ業務には向いています。研修中のこうしたロールプレーイングで適材適所を判断することもあります。

配属された業務がキャスト本人に適していないと判断された時は、本人の意思も尊重しながら他の業務を提案したりするのです。

バディシステム

バディとは一緒に仕事で組むパートナーのことです。ディズニーは、新人キャストと先輩キャストがペアで動くバディシステムを採用しています。新人キャストとベテランキャストが共に作業をしながら、仕事やゲストの応対、イレギュラーな出来事の対処を学んだりします。


アメリカのディズニーパークでもレストランのサービス業務では、新人キャストは先輩キャストとバディを組みます。まず新人キャストはバスボーイという役割で、食器を下げたり、料理をテーブルの近くまで運ぶ作業を担当します。

先輩キャストの指示通り、食器を下げたり、厨房からテーブル近くまで料理を運んだりすることで、サービス方法や言葉遣いを学んでいきます。慣れてくると、先輩キャストのオーダーをの取り法やプレートを提供する方法、メニュー知識やゲストとの対応全般を身につけ、共にキャストとしての役を演じ、付加価値を提供できるキャストへと成長していくのです。

ディズニーパークの容姿規定

ディズニーパークには、ディズニールックと呼ばれる容姿規定があります。ホテルやレストラン、百貨店などのサービス業でも一定の決まりがあると思います。男性はヒゲや髪の毛、もみあげの長さ、女性は髪の色や長さ、髪留めゴムの色、ピアスやイヤリング、指輪や爪の長さなど詳細に定められています。

このような規定を守ることで、「安全性」「礼儀正しさ」「ショー」の一定水準を保つことができるのです。

コラム リワインドクロック

オープン前夜

東京ディズニーランドオープン前の半年間は会社で寝泊りすることが多くありました。寮もあったのですが、利用するのは月の半分ほど。残りは事務所の机で寝るという状況でした。

夜の四時ぐらいに睡魔に負けて事務所でうつぶせになりながらウトウトしていると、朝の五時に誰かが出勤してきた物音で起床する、というそんな生活が続きました。継続できたのは若さとモチベーションのおかげかもしれません。

当時、自分ではモチベーションが高い意識はありませんでした。私たちにあったのは、「やらなきゃ！」という気持ちだけで、不思議とつらいとか、休みたいと思ったことはありませんでした。私以外の人たちも同じだったのでしょう。業務に対しての不満は一切出なかったのです。

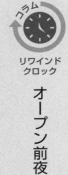

オープン前の半年間は部内トレーニングが始まり、三カ月前にはすべての部署で、本番を見据えての全体の運営シミュレーショントレーニングが実施されました。

半年間という長さは、どこの大型施設やテーマパークでも聞いたことがない異例の長さでした。施設が完成したのであれば一日でも早くオープンさせて売り上げを上げることが、一般的だと思うのですが。

シミュレーショントレーニングには、ゲスト役に日本のキャストをはじめ、アメリカのディズニー社から千人以上ものキャスト、その後はキャストの家族、スポンサー関係、業者などで実施され、そのトレーニングによって出てきた課題の確認や情報を社内で共有し改善や調整作業などを行いました。

その結果、浦安の地元の方々をご招待したプレ・オープンには、おおよそ完璧な状態で、グランド・オープン当日は、不安はすべて解消され運営が滞りなく実施されました。それは私たちにとって大きな自信となり、誇りともなりました。

第4章

ディズニーの教育とは

笑顔の理由

私の後輩で、いつもニコニコしているキャストがいたのですが、ある日、ゲストが不思議そうに声を掛けてきたことがあるそうです。「あなた、どうしてそんなにニコニコしているの?」と。

彼女が「仕事が楽しいんです」と答えたら、そのゲストは驚かれたそうです。そのゲストは仕事とは辛いもの、仕事上の笑顔だと思われていたようです。

こういう話を聞くと、企業理念から職場環境づくり、教育に至るまでしっかりと作りこまれているディズニーのシステムは素晴らしいものだなと思うのです。

彼女のように心から笑顔のキャストが多いせいか、「明るくて笑顔の人たちを採用しているんでしょ?」や「どうやって、いい人を見極めるのですか?」と今でも聞かれることがありますが、採用の段階で見極めることはできません。つまり、企業環境と教育が非常に重要なのです。

ディズニーの視点で「いい人」と言うならば、ゲストを楽しませ、思い出ストーリーをつくるためのお手伝いができるキャストであろうと思います。企業にはそれぞれの理念、方針があります。その企業の方針に沿った行動をしてくれる人が、「いい人」だと私は思っています。

裏を返せば、企業ははっきりと企業理念や方針を持っていなければなりません。そして従業員に、その理念や方針を実行してもらえるのか、実行してもらうためには、どういう教育をして、その後どうフォローしていくべきなのかを考える必要があります。

企業もそれなりの姿勢でいなければ、可能性のある人財は現れないでしょう。

バックヤードもキャストのために

ディズニーパークのバックヤードは綺麗にデザインされ、清潔に保たれていますが、一定の基準に充たない企業やお店を多く見受けます。お客さまから見える場所はきれいなのに、スタッフが働くバックヤードが汚くて不潔だったら、どうでしょうか。

知人が高級ホテルのショップで働いていたことがあります。ショップはもちろん綺麗なのですが、商品を詰めたり包装したりするバックヤード全体が薄暗く、整然とせず不衛生だったのです。
知人はこんなところで働かされるのかと憂鬱になり、気持ちが萎《な》えてきたそうです。こんななところで商品をストックしたり、箱詰め作業したものを高い値段で提供していいのかと疑問に思い、マネジメントからどんなに「笑顔、笑顔」と言われても、心からの笑顔は出なかったそうです。

このショップのように表と裏の建物の造りが違うということはよく聞くことです。表裏のギャップがあればあるほど、そこで働く人たちのモチベーションは下がっていくことでしょう。

昨今の日本では人口減少の影響を受け、労力不足を補うために機械化や人工知能のＡＩの導入を考慮せざるを得ない状況に迫られていますが、全くの無人の運営ができることはないと思います。
特にホテルやテーマパークは、人的なサービスの提供を機械化できる業種ではなく、そのためには人財育成が急務となっているのです。

子育てと従業員教育は似ているところがあると思います。会社（親）は働く人たち（子ども）に自分で考える力を育てる情操教育をしていかなければなりません。働いていて楽しい気持ちになってもらうためには、まずバックステージを綺麗にすることが一番の早道です。ディズニーパークのバックヤードは清潔というだけではなく、思いやりの精神があります。パーク内の地下道は広く網の目のようになっており、空気を汚さないよう電動カートを使用し、商品配送をしています。私が働いていた当時はナビやスマホがないので時間までに持ち場に行けるか不安になるほどの規模でしたが、私も含めて新人全員が迷うことなく持ち場にたどり着きました。コンクリートの打ちっぱなしの壁面と床に、きれいなペイントで矢印が描かれているからです。「メンテナンスはこちら」などの表示に従って歩いていけば、場所を知らなくても目的地に到達できます。

しかも、着いた場所には「メンテナンス」という文字だけでなく、ハンマーやナット、ボルトといったイラストが鮮やかに描かれているのです。「こんなことをしても経費がかかるだけじゃないか」という企業もあるかもしれませんが、そうではありません。表示一つにしても、キャストにリラックスして楽しい気持ちで働いてもらおうというディズニーの思いやりの気持ちが表現されているのです。

今でこそ、駅などの床や壁に○○線や出口の表示が書かれていますが、ディズニーワールドは開園した一九七一年には既にこの案内表示を用いていました。この事実だけでも、ディズニーがいかにキャストの気持ちになってパークを設計したのかがわかります。

些細なことだと思うかもしれませんが、この配慮は「私は大切にされているな」という気持ちをキャストに伝える効果がありモチベーションの向上となるのです。

その人なりの対応で

以前、歌舞伎役者の十八代目の中村勘三郎さんはこのようなことをおっしゃっていました。「今の時代、自分なりとか自分流とかいう人が多いけれども、基本ができていなければ、それは形無しで型破りではない」と。

同じトレーニングや教育を受けたキャストでも、レベルに差が生まれるのは当然のことなので、理念やキーワードをもとに考えて動くという基本さえできていれば、それぞれの個性を活かして良いのだと思います。

十八歳のキャストと、四十歳、五十歳のキャストとでは、言葉遣いや応対、印象に相違があっても、それぞれの応対によって、ゲストが「楽しかった、いい思い出になった」と思ってもらえることができれば、それでいいのです。

理念やキーワードを指針に考え行動しても、経験値や育った環境によってゲストへの対応に差が出てくるのは当然でしょう。

それに十八歳と五十歳に「同じような言葉遣いで」と言っても、その言葉遣いで相手が受ける印象も違うでしょうし、五十歳のキャストなら問題のない言葉づかいや行動を、十八歳のキャストがすれば「なんと生意気な！」と思われることもあり得るのです。

理念とキーワードから外れなければ、十八歳なら十八歳なりの対応、五十歳なら五十歳なりの対応で、ということです。さらに言えば、年齢ではなく「あなたなりの応対」で良いのです。

ディズニーのキャストの中で競争意識や対抗意識はほとんどないと思います。あのキャストや店がこういった対応をしていたから、自分（の店）にも取り入れようかと試みたり、「こういう対応がいいね」と話し合うことはあります。

ゲストへの対応を見て、「すごく良い」と感じたら参考にすることは当然ありますが、それができるかどうかはキャストの向き・不向きにもよります。もちろん、ゲストの反応も違います。ゲストの思い出ストーリーは無限にあるわけですから、ＴＰＯにあわせて、どの対応をチョイスするかはキャスト次第なのです。

背後にある理由を考える

ディズニーパークで店長をしていた頃、私は部下のキャストによく「そのようにする理由を考えてみて」と指導してきました。退職して、大学で教えるようになってからも学生たちによく問いかけました。「それは何故だと思う？」と。

大学の講義では飲食業やホテル、結婚式場でアルバイトをしている学生もいるので、テーブルマナーがある理由を尋ねますが、まず答えられません。テーブルマナーは古くからあるものなので、なぜ存在するのか、なぜ守らなくてはならないのかを考えることもしないのです。答えは単純です。テーブルマナーは、皆が楽しく食べるためにあるのだということを説明すると納得してくれます。

フォークとナイフを使うとき、カチャカチャ音を立てるのは他のテーブルの方にとって耳障りで不快なものです。楽しい食事の時間が台無しになるので、音を立てないようにしましょうということです。スープも同じ理由です。

私たち日本人はお味噌汁や汁ものが熱い状態で出てくるので、空気と一緒に冷ましながらいただいたり、お蕎麦を食べるときにズルズル音を立てても叱られません。西洋料理ではスープは冷ます必要のない温度で提供されるので、ズルズル音を立てる理由がありません。不快になる音をたてるのはやめようとなるわけです。

何事も基本や背景の理由が理解できると、応用が利きます。

通常テーブルセッティングでは、ゲストの右側にナイフが、左側にフォークをセッティングします。これは、駅の改札機や自動販売機のお金の投入口と同じ理由が背景にあるのです。その理由は一般社会では右利きが大多数で左利きの人が少ない理由からです。もし逆であれば、改札口や自動販売機のコイン投入口、ナイフも左側に設置されていたでしょう。

では、レストランで応用をしてみましょう。

よく来られるお客さまが左利きで、座ったあとにいつもご自身でナイフとフォークを取り替えて使われることを知っていれば、前もってナイフを左に、フォークを右にセッティングできます。ナイフやフォークだけでなく、グラスの位置も、左手で持たれるなら、左側にグラスをセットすればいいのです。そうすることで、お客様はそのお店をホスピタリティの高い店だと感じ、また利用しようと思う確率が高くなると思うのです。

お皿は基本的に、お客さまの左側から提供しますが、それは一般的に利き手側にはグラスがあり、万が一お皿がグラスに当り倒れてはいけない理由から、グラスのない左側から提供することになっているのです。

ナイフやフォークは最近ではステンレスがよく使われていますが、古くはシルバーが主流でした。これは、銀が毒に反応したからです。フランスでのテーブルセッティングでフォークの先をテーブルに伏せるのは相手に対して敵意を持っていないという表れなのです。そういう時代背景もテーブルマナーには残っているのです。

グラスの縁を確認してみてください。高価なグラスは、唇の当たる縁の部分が真っすぐで薄くなっています。口当たりがよくて飲み物をより美味しく感じさせてくれますが、強度がないため、すぐにチップ（欠け）が出ます。チップがあるグラスはもちろん廃棄されます。

対して、比較的安価なグラスは縁が少し丸く厚くなっています。これは強度を増すためで、割れにくい分、口当たりや味への期待はできません。

デザートフォークも先端を見ると、太さの違うものがあることにお気づきでしょうか？昔は全て同じ幅でしたが、すぐに曲がってしまうため、太さを変えることで強度を増したのです。

いろいろな国の人たちと食事をするときに、お互いが楽しく食べられるようにテーブルマナーがありますが、それがわかっていると、行動に迷いがなくなります。

例えば、友人と個室で食事をする場合、相手が音を立てて食事をすることに対してまったく気にならないのであれば、音を立てても良いと思います。基本的に、そこに一緒にいる人たちと楽しく食事をしようという目的がテーブルマナーですから、個室で同席している人が不快にならないのであれば、極端な言い方ですが、なんだって良いのです。

テーブルセッティングで興味深いことがありました。

披露宴の場合、多くは丸テーブルで隣同士の間隔が狭くなります。お皿やナイフ、フォークなどのカトラリーの幅を詰めてセッティングせざるを得ません。ところが、広いテーブルのときも、習慣で詰めて置いてしまいます。スペースが広いときはゆとりを持ってセッティングしていいのです。

すべてのものには必ず理由があります。その理由を考え、疑問に思う習慣をつけることで、考える力がつき、応用が利くようになります。

ただ、前述したように企業によって方針は違います。ホテルのレストランで「全てのサービスはお客様の左側から提供する」という方針であれば、それがその店の正しい方法なのです。

そのような判断も、企業の理念や方針が共通の理解として実行できるからこそなのです。

グライダーではなく飛行機に

大学生がぶつかる最も大きな壁は卒論です。私の携わった大学のゼミ生も同様でした。今までは講義を受けて、指示通りに課題のレポートを提出したり、実習に行ったりしていたのに、卒論となると何について書くのか、自分で考えなければならなくなり、誰も指示をしてくれないのです。

外山滋比古先生の『思考の整理学』を参考にすると、卒論が壁になる理由は、彼らがグライダーと同じだからです。グライダーは動力がありません。離陸のときは引っ張ってもらい、あとは浮力で飛ぶことができますが、引っ張ってもらう誰か（何か）がないと飛べない点では、受動的な大学生と同じなのです。ですから、私も学生たちに「飛行機になりなさい、自分で飛べるようになりなさい」と言っています。

なぜ、自分で飛ぶことができないかと言うと、「自立」していないからです。そして、自立するためには「自分はこうあるべき」という理念が必要です。

理念があれば、何をしなければいけないのかが明確になり、そのためにはどういう順序で行動を起こすのか、ということも考えられます。

ディズニーパークだけでなく、どの企業、どんな学生にも言えることです。理念と指針があるから動ける。理念は動力のような存在なのです。

入学したばかりの学生のほとんどは、「将来、この仕事に就きたい」「これがしたい」という明確なビジョンが見えていません。ビジョンが見えていなくても、「幸せな人生と不幸な人生のどちらを選びますか」と聞かれたら、誰だって「幸せな人生」を選ぶはずです。では、幸せな人生のためには、自分がどうすればいいのか、どうなりたいのかを考える力をつけることが、教育のゴールなのだろうと思います。

理念がない会社はどうするのか

これまで、理念が根底にあってこその人財育成だということを書いてきました。理念がない会社は、やはり理念をつくるしかないのです。ディズニーパークの理念とキーワードのことを講演などでお話すると、「確かに大事だ。じゃあ、つくろう」となるのですが、重要性や必要性を理解していただけないトップだと、理念を決めても何の役にも立たず、いつまでも企業としての成長がありません。

そのようなトップのもとで働くときは、自分なりに考えるしかありませんが、考えが顧客に向いていないと「これなら、上がOKを出すだろう」という上司の顔色を伺う方法になるので、働くものたちにとっては楽しさや、やりがいを感じることができず、その結果、企業は成長できないのです。

企業のコンサルティングで、「マニュアルをつくってください」「教育マニュアルの作り直しをしたいのです」という依頼が多いのですが、その際に私は必ず、「トップ自身が変わらなければいくらマニュアルやシステムを作り直しても、会社や従業員は変わらないですよ」とお伝えしています。それだけ企業として本気で取り組まなければ難しいことを理解してもらわなければなりません。

私の役割は実行できるマニュアルをつくるお手伝いです。マニュアルも、企業主体でつくっていただくようにしています。私が作ったマニュアルではいくらトップの意向を汲んでいたとしても、外部の人間が作ったお仕着せに過ぎないのです。

企業の責任者や担当者がつくって、初めて「これは自分たちでつくったものだから、大切にしよう。なんとか活用しよう」という気持ちが湧くのです。その気持ちが、全社員へ伝わっていくのです。

理念は、創業時の想いや企業の方針、歴史などの考え方を突き詰めて、企業のビジョン（目指す姿）と共に、社会に対して大切にしているものを表現するものです。指針として伝えられる理念はシンプルなものでなくてはなりません。

私が日本の企業で最も好きな理念は、総合分析計測機器メーカーである堀場製作所を有するＨＯＲＩＢＡグループです。以前、テレビ番組の「カンブリア宮殿」でも紹介されたことがある会社ですが、社是は「おもしろ、おかしく」。仕事は本当に一生懸命取り組めば面白くなる、それでもイヤなら辞めろという思いを込めたそうです。

戦国武将の武田信玄は次のように言ったそうです。

「一生懸命だと知恵が出る、中途半端だと愚痴が出る、いい加減だと言い訳が出る」と。

今も昔も、企業（藩や城）経営の難しさは同じ気がします。ＨＯＲＩＢＡは人材ではなく、人財と表現し、惜しみない投資を続けています。一般社員であろうとも、出張に出るときは全員がグリーン車を使用し、宿泊するホテルもその地域でトップのホテルに泊まらせるそうです。

ものづくりに関わることがどれだけ大変で難しいのかをわかっているからこその姿勢なのです。企業がこのような対応をすることで、従業員のこころの中に「大切にされている」という感情と意識が生まれるのだと思います。その感情と意識によって、企業に対するロイヤルティが生まれことをＨＯＲＩＢＡの社長は理解されているのだろうと思います。

ＨＯＲＩＢＡのように、どうすればこの会社で働きたいと思ってもらえるようになるのかを考え、実行していけば、会社は黙っていても従業員はムダな経費は使わず、売り上げを上げる努力をしてくれるはずなのです。

触媒とセレンディピティ

教育について話すときも、『思考の整理学』の「触媒」の項目をよく引用しています。「酸素と二酸化硫黄（亜硫酸ガス）にプラチナのフィラメントを入れると化学反応が起きます。ところがその結果できたものにはプラチナが全く入っていません。でも、プラチナがなければ、酸素と二酸化硫黄だけでは反応しないのです。

触媒とは、プラチナのように化学反応を促進させるが、そのもの自体、その反応では変化しないものです」と書かれてあります。

私は、教育とはこの「触媒」だと思いっています。研修を受けた新人に、企業の考えや思いが、伝えた通りに理解されないことがあります。ところが、その教育や指導がされていなければ出てこない言動があります。

新人がステップを登り成長していく過程で、教育や研修内容と自分の個性が混じり合って全く別のものが生まれていくのです。

大学の講義でも同じことが言えます。私の講義で何度も言葉で伝えたり、レポートを提出させたり、試験で出題しても学生は内容をほとんど覚えていません。しかし、それがきっかけとなり、今まで知らなかったり、興味のないことから刺激を受けて、別の発想が生まれたり、考える習慣を身につけたりと思いがけないものを生み出します。

この思いがけないものは英語の「セレンディピティ」に置き換えられると思います。

セレンディピティとは、辞書によると「素敵な偶然に出会ったり、予想外のものを発見すること。また、何かを探しているときに、探しているものとは別の価値があるものを偶然見つけること。ふとした偶然をきっかけに幸運をつかみ取ること。運よく発見したもの」という意味です。

講義中に私が脱線した気軽な話でも、何かのヒントになり、更に多くのことを学んだり発見したりするものです。その発見がまた新たなアイディアを生み……と、化学反応を繰り返し、その人の付加価値が高まっていくと思うのです。

この化学反応で得た知識やアイディアが増え、これまで楽しいと思わなかったことに興味を持ち始め、ものの見方が変わり、感じ方が変わります。「これはこんなに楽しいことだったのか」と再認識できると、新たなアイディアが湧いてきます。長い目で見ると、人生における楽しみが大きく膨らんでいくのです。

さまざまな知識を身につけることは、単位や試験のためだけではありません。心の刺激という意味でもとてもいいものです。そして、その化学反応の何かが、将来の進路を決めるきっかけになるかもしれません。

研修中の新人も、教育内容やトレーナーという触媒をきっかけに、思いがけないものを得ることがあります。特に本人が自分に足りないものなど、何かを模索しているとき、それを頭の片隅にでも常に意識するようにしていると、何かで刺激を受けてポンッと良いアイディアが浮かぶものです。

パークでは、ゲストとの応対やコミュニケーションも触媒です。ミスをすれば落ち込みますが、その出来事が触媒となり、キャストを変えていきます。何年後かに、「あのときミスをして良かったね」ということだってあり得るのです。

人の生死に関わるようなミスは論外ですが、ミスをすることによって得るものも多いのです。

ミスを恐れず、部下に行動させるコツ

完璧な人間なんていません。誰だってミスをします。その前提で仕事をしていたので、正直に報告してくれれば、私はミスをしたキャストを責めることはありませんでした。ゲストのフォローをし、再発防止策を考えることが最重要だからです。

怖いのは、ミスをした報告がないこと。そして、もっと怖いのはミスを恐れて対応をしないことなのです。つまり、ゲストや対応すべき状況を無視してしまうことです。それはディズニーの理念に反することです。

では、キャスト（部下）が状況を無視しないためには、リーダーやマネージャーはどうすべきなのでしょうか。

気付かないフリをするのは、ミスが怖いからで、ミスが怖いのは、ミスをしたときに叱責されたり、謝罪させられたり、責任を問われたりするからでしょう。

であるなら、逃げ場のない叱り方をせず、キャストだけに謝罪させたり、責任を問うことをしなければいいのです。

つまりは、マネジメントの自尊心の欠如です。

あるキャストのミスで、ゲストが激怒されたことがありました。

東京ディズニーランドがオープンした年のお盆のことです。予想以上のゲストが来園され、ランチタイム近くになると、レストランはどこも超満員になりました。

当時、私が店長を務めていた「キャプテン・フックス・ギャレー」というファストフード店は客席も多く、私や店のキャストの目が届かない個所や時間帯があり、一人一人のキャストの力に頼らざるを得ない場面がたびたびありました。

あるゲストが長時間並び、食事を購入しましたが、次は座る席がなく、空腹と暑さと疲れに耐えながら、ようやく空いた席でお食事をされました。

その後、ゲストがお手洗いで席を外しました。トレーは置いてありましたが、見た目には食事が終わり席を立たれたようにキャストには見えたのです。

店内は席が空くのを待っているゲストでいっぱいです。清掃担当のカストーディアルが気を利かせ、そのトレーを片付けてしまったのです。
そして、新たなゲストがそこに座って食事を始めました。お手洗いから戻ってこられたゲストは「さんざん待ってやっと座れたのに、自分の席がなくなった!」「まだ食事が残っていたのに処分された!」と烈火の如く怒ったのです。

パーク内のファストフードレストランの清掃はカストーディアルが担当していますが、トレーを片付けたカストーディアルは組織図で考えると、私の直属の部下ではありませんでした。

一般企業ならば、「該当部署に伝えて改めてお詫びを」という対応になるかもしれませんが、理念とキーワードを考えると、「カストーディアルの上司を呼びますのでお待ちください」とは言えません。怒っているゲストを待たせたり、たらい回しをしたりしては、そのゲストにも周りのゲストにとっても「Ｂａｄ　Ｓｈｏｗ」の時間が長くなるだけです。
そもそもゲストにとってはネームタグをつけているキャストは全員がディズニーパークの従業員であり、ゲストにとって誰がどの担当で、どこの所属かなど、全く関係のないことなのです。

私はそのゲストに謝罪しました。「社長を呼んでこい！」と大変ご立腹でしたが、最終的にはこちらのミスを認め許していただきました。

事の顛末を知ったカストーディアルのマネージャーが飛んできて、私に謝ってくれましたが、「お互いさまですから」と私は笑顔で応えました。私はディズニーパークの理念とキーワードに従って行動しただけですから。

テーブルを片付けたカストーディアルも謝りに来てくれましたが、私は「他のゲストのために機転を利かせてくれてありがとう。でも、ゲストの食事が終わられたのか迷ったときは私たちに声をかけて」と伝えました。

満員で席を待っているゲストが大勢いるのでゲストのＥＦＦＩＣＩＥＮＣＹ（効率）を考え、気を利かせてくれた行為を無にしたくありませんでした。店での出来事については私が責任を持つと伝えたことで、そのキャストはこれからもミスを恐れず、ゲストのＥＦＦＩＣＩＥＮＣＹ（効率）を考えて仕事をすることができるのです。

余談ですが、カストーディアルのマネージャーは、私が担当するレストランにはカストーディアルを多めに配置してくれるようになりました。その頃はカストーディアルも人手不足でしたが、「ミスを恐れずキャストが安心して働ける場所」として認めてくれたのだと思っています。

失敗を認めてくれる企業

この事例のようにトラブルが起きたとき、私が気づいた場合はすぐに対応ができます。でも、難しいのは上司がそれを把握していない場合です。あなたの会社を振り返ってみてください。「イレギュラーなことが起こったときはすぐに報告して」と社員たちに言っていても、すぐに報告が届くでしょうか？　なんでも報告されるなら、そのリーダーは「責任は自分が取る！」というタイプなのだと思います。

一般的には、問題が大きくなればなるほど、なかなか報告されないケースが多いのです。「時間がない」「些細なことを報告して面倒だと思われても」などが報告しない理由に挙げられます。

こういった理由以外にも、その従業員が派遣社員であれば、「ミスを正直に報告したら、せっかく見つけたこの仕事の責任を取って辞めることになるかもしれない」という意識が働き、報告できなくなります。

私はカストーディアルのキャストに「自分が責任を持つから」と言いました。

多くの管理者は自分の責任を問われる事態は避けたいですから、責任を持つという言葉は勇気が必要でした。

それは自身に対しての覚悟の問題だと思います。そして、その覚悟ができるかどうかは、トップの姿勢が我々にも大きく関わってきます。つまりは、経営陣やマネジメントの自尊心の問題なのです。

人は失敗するものだ、失敗したなら、次はどうするか考えればよいという上層部や管理本部であれば素晴らしいのですが、それぞれの責任だけを負わされれば、守りに入ってしまいます。

「責任は自分が持つ」と私が言い切れたのは、当時の上司が失敗を認めてくれたからです。

私も大きなミスをしたことがありました。

広報室勤務だった頃、「マイケル・ジャクソンが東京ディズニーランドに来るらしい」と話題になっていました。「いつ来るのか」「ペットのお猿さんも一緒なのか」とマスコミは連日取材攻勢です。

マスコミ各社との打ち合わせの後、あるスポーツ紙の記者が「マイケル・ジャクソンが来るとしたら、この日ぐらいかな」と日程を確認してきました。

私は何気なく「多分この辺りじゃないですかね」と答えてしまっていたのです。

翌日、スポーツ紙の一面にその情報が載ってしまいました。

当時の広報室長に「申し訳ありません、私のいい加減な言葉が一面に出てしまいました」と謝ると、「いいよ、宣伝になるんだし、気にするな。何かあっても、私が責任取るから」と言ってくださいました。

もしこれが、「どうしてこんな記事が出たんだ」と責められ、叱責された後で「今後も頑張ってくれよ」と言われても、仕事は消極的なものになっていたことでしょう。ちなみにマイケル・ジャクソンが来園したのは別の日で、パークのクローズ後だったこともありマスコミ取材はできませんでした。

一概には言えませんが、その人の努力やプロセスを褒めるほうが伸びる気がします。上司が「キミたちの失敗は私が責任取るからやってごらん」と背中を押してくれれば、やる気にも繋がります。

社長の気概は全従業員に伝わる

Ｈｏｎｄａ創業者の本田宗一郎さんやオリエンタルランド元社長の高橋さんも「責任は取るからやってみろ」というタイプでした。

大企業になると、社長が社員と直接話をするのはめったにありませんが、社長の考えや意気込みは不思議なことに、末端の社員や準社員にまで伝わるのです。

東京ディズニーランドのグランド・オープンまで一年を切った頃に、高橋さんが全員を集めて「出入りの業者さんにもきちんと挨拶をしてほしい」と言われたことがありました。当時は社員だけで約三千人。ネームタグがあることで社員だということが認識できる程度で、多忙なあまり自分の仕事以外のことに気が回る余裕はありませんでした。業者さんに対してもネームタグを付けていない人、通行人のような認識で、気にすることはありませんでした。

「確かに私たちと業者さんとは取引先という関係だが、このプロジェクトは業者さんなしでは商売が成り立たない。業者さんたちとともに一丸となってゴールに向かっていくものだ。初めて会う人も多いだろうが、仲間という気持ちを忘れず、きちんと挨拶をしてほしい」

当時の私たち社員の態度には、お金を払う企業側が「上」の立場で「商品を買っているのだ」という気持ちが無意識に働いていたのだと思います。それを高橋さんは見抜いていました。私たちは勘違いして顧客の感覚になりがちですが、協力してもらう仲間なのだから感謝の気持ちを持つようにと高橋さんは指摘したのです。

「彼らの協力なしでは商売できないよ」という社長の言葉は、私たちにとって新鮮なショックでした。その集会終了直後から、社員全員が一斉にすべての業者さんに対して挨拶をするようになりました。すると、社内の雰囲気が一変すると共に、私たちの気持ちの変化に気付いたのか、業者さんたちの雰囲気も変わったのです。

当時のマスコミや世間では、「東京ディズニーランドなんて、せいぜい二、三年が寿命だろう」と評されていましたが、「いや、ディズニーランドはきっとうまくいきますよ」や「何かあったときは、ここに真っ先に商品を届けます」と業者さんたちは口を揃えて言ってくれました。その気持ちがありがたく感じられ、私たちの背中を後押ししてくれたことは間違いのない事実です。退職して随分たちますが、今でも個人的なお付き合いが続いている業者さんもいます。

これは会社組織の話ですが、部署同士のつながりにも通じます。自分たちだけでなく、他の部署の協力があるからこそ、自分たちの仕事が成り立っている意識を持てば企業全体の雰囲気が良くなります。

Ｈｏｎｄａが新しい自動車を開発したときに、その開発担当の技術者が集まって写真を撮り壁に飾ったそうです。その写真を見て、本田宗一郎さんが激怒しました。

「おまえたちだけの力でこれを作ったのか？　そうじゃないだろう。おまえたちがいっぱいゴミを出して、それを掃除してくれた人たちがいるはずだ。どうしてその人たちが写真にいないのだ！」と。

自分たちだけで開発したという想いは過信につながります。ワン・オブ・ゼムの考えを持っていた本田さんはやはり、カリスマ性があります。

高橋さんもそうです。あの人でなければ、東京ディズニーランドは完成していないと思っています。

現場の経験が必要な理由

ディズニーパークの新入社員研修では、カストーディアル作業を実施しているそうです。ゲストの写真係を務めたり、見事な動きでゴミを拾ったりしているカストーディアルは、今でこそ人気のある仕事のひとつですが、三日ほどで掌の皮がむけるぐらいハードで、オープン当初は応募がゼロのときもあるぐらい人気のない業種でした。

パーク内でそれぞれの担当エリアが決められ、約十五分で一周できる範囲が設定されていますから、ゴミが十五分以上同じ場所に落ちていることはないのです。

現場を経験しないとわからないこともたくさんあります。管理部門が現場に対して何か指示を出す際、現場経験の有無でも出す指示が変わりますが、受け取る側の反応も違います。

私は退職後にいろいろな企業のプロジェクトのお手伝いをしました。現場の従業員は最初、私の話を聞き流す感じなのですが、「私の場合はこうしていたよ」と言ったり、やってみせたりすると、聞く姿勢が変わります。現場の経験がある上でアドバイスしてくれているのだとなれば、真剣に聞き受け入れてくれます。困っていることも素直に話してくれるようになりました。

パークのレストランでは普通の食洗機ではなく、特殊なシステムを使っています。十メートルぐらいのベルトの上を汚れた食器を入れたラックが流れて、プレウォッシュ（下洗い）、洗い、リンス、最後に熱風で乾燥という工程を経て綺麗になる大きなシステムです。これを使わないと、食器洗いが追い付かないのです。

パークのオープン当初は、厨房の洗い場のキャストが慣れていないため、コンベアシステムで洗い終わったお皿も溜まってしまうような状態でした。

教育マニュアル作成の担当だった私は、オープン当初、パーク内をウォークスルー（遊軍的）していました。洗い場を手伝おうとしたところ、彼らは私のことを事務方のキャストだと思っていたらしく、「この機械は特殊なので無理ですよ」と言ってきたのです。

そこで「大丈夫、使ったことあるから」と使い始め、慣れていることが分かると、見る目が変わりました。仲間意識が彼らに湧いたようで、現場を知っている人だと認知され、以降アドバイスを受け入れてもらいやすくなりました。

まさに、山本五十六の名格言「やってみせ　言って聞かせてさせてみて　誉めてやらねば人は動かじ」なのです。

ちなみに、私が洗い場を手伝ったのは遊軍という立場だったからです。これが、一般的な現場の管理者であれば、それはするべきではありません。

パークの準社員を束ねるのは、基本的にそれぞれの店の店長です。ただし、現場の管理はリーダーと同じ意味を持つ、「リード」がやっています。店長の下にはリードが数人います。

パーク内の小さいレストランでも、客席は四百席ぐらい。広いスペースなので、目を行き届かそうとしても、限界があります。そのためにリードが必要なのです。

リードの中には「人手の足りない部分を補い、助けるのが自分の役目」と思っている人がいます。そういうリードは、遅れている仕事を手伝おうとしますが、私は絶対にそれをしてはいけないと指導します。手伝いに入っている間は、全体に目が届かなくなってしまうからです。

提供が遅れているお料理や、ゲストが呼んでることに気付かない、お料理の順番がどうなってるのか把握できていない、といった状況を引き起こし、すぐに対応できなくなってしまいます。リードの役割は、現場を俯瞰し、適切な指導を行うことなのです。

それらの仕事ができて、はじめて次のステップにつながり、やがては責任のあるマネジメントの立場へと昇級できるのです。

コラム
リワインドクロック

紅茶一杯のホスピタリティ

ホスピタリティが高いと評判の老人ホームがあります。この評判、老人ホームの利用者やその家族だけではなく、外部の方の評価なのです。

この老人ホームはある山の途中にあり、車で山を越えるまでに、お手洗いはこの老人ホームしかないため、ドライバーがよくお手洗いを借りに来ます。この老人ホームは快くお手洗いを貸すだけでなく、そのあと、紅茶を提供するそうです。

お手洗いを借りた人たちは、迷惑をかけたと恐縮しているのに、ホーム側から歓迎されていると感じ、その喜びを家族や友人、同僚に話します。気が付けばこの老人ホームはとても有名になっていました。

ホスピタリティがドライバーの心を動かし、自然にこの老人ホームの良さを広めたいと思うのでしょう。まさに、紅茶一杯の広報活動です。顧客ではないのに紅茶を提供しても売り上げには反映されません。このホームのファンが増えたからと言って、明確な数字にもなりませんが、こうした見えないものが本来の広報活動だと思います。

実はディズニーの人気が関東だけに留まらないのは、広報活動のおかげでもあります。

一般にはあまり知られていませんが、ディズニーパークから地方に出張に行くことがあります。いわゆる販売促進活動です。

ミッキー、ミニー、ドナルド、グーフィー、プルートという通称ビッグファイブも一緒に行きますが、イベント先以外にも必ず老人ホームや小児病棟などを訪れ、キャラクターグリーティングとともに幸福と笑顔を届けるのです。

この広報活動はオープン当初から行っていることで、オープン当初は新聞に取り上げられたこともありましたが、今では記事になることもありません。ですが、現在も地道に活動は継続されているのです。まさにウォルト・ディズニーの信条「ハピネス」を伝える活動であり、それこそがディズニーファン層の基盤づくりになっていると思うのです。

第5章

マネジメントの観点から見た企業の成長

利益重視かホスピタリティか

ここまでディズニーパークを中心に、ホスピタリティや人財育成、理念やキーワードについて述べてきましたので、その重要性を再認識していただけたと思います。しかし、どれほど優れた理念や教育、マニュアルがあっても、それを管理するマネジメント部門が正しく機能していなければ、その投資が無意味となり企業の発展は見込めません。マネジメント部門は経営の中枢であり、組織の運営方針を決め、企業が社会的な責任を果たすべく、運営する責務を有しています。

ディズニーパークのように理念がしっかりある組織でも、マネジメント部門の方針が変わることによって、理念から少し外れたようなケースも出てきます。

ディズニーパークはコミュニケーションを重要視しているので、パークでの販売は、キャストが対面接客をする方法でした。「ディズニーパークではゲストすべてをＶＩＰとして接し、コミュニケーションを大切にします。風船一つ、ポップコーン一つでも手渡しします」の方針でした。

残念なことに、今のパークには自動販売機が設置されています。二〇〇八年から採用しているのですが、当時はキャスト不足で、それによってゲストへの飲み物の提供に時間がかかり、長蛇の列ができてしまうゲスト効率と熱中症という安全性の問題が発生していました。短期間だけの急場をしのぐ策でしたが、現在は三台の自販機が常時設置されるようになりました。利益だけの視点から見ると、大成功ですが、それだけを考えてマネジメントができるのなら、誰でも経営者になれます。自販機が対人接客の楽しさや安全性、礼儀正しさ、コミュニケーションを浸食しつつある現状は気になります。私は未だに違和感があります。

一般企業でも、売り上げ予測と同時に経費予測をし、例えば、原価三〇%、人件費も三〇%と予測した企業が、結果として原価が一七%、人件費が二五%となった場合、無能な経営者は経費が減少し利益が増加したと喜ぶわけです。

しかし、なぜ経費が減ったのか原因や理由を明確にし、適切な経費の支払いや商品の付加価値が提供されていないのではないかと疑うべきなのです。

ある大手の飲食関連企業が問題になったのは、人件費が減った理由がサービス残業させたり、権限のない名ばかり管理職にするなど、社員の給料を不適切に抑えてしまっていることだったのです。

また、原材料費が下がったのは取引業者さんに無理やり仕入れ価格を下げさせたり、規定のものとは相違する安価な商品を使用していたのではないかと考えられます。

提供価格＝適切な付加価値の提供というルールを無視し、利益の増加のみに興味を持つ理由は、経営のすべてが数字だけでしか判断できないからでしょう。そのような企業で働く社員は不幸としか言いようがありません。

第一章のキーワードのＣＯＵＲＴＥＳＹ（礼儀正しさ）の中でも話題にしましたが、アメリカのディズニーワールドのミニボートを使うアトラクションで、船頭役キャストを自動化するコスト削減案が却下されたことは、コストパフォーマンスだけではなく、ディズニーパークが理念や四つのキーワードを守り続けていることが証明されたにほかなりません。私としては嬉しい限りです。

キャストへのキーワード

工場のラインなど、同じ仕事をし続けている業種もあると思いますが、単純作業だと、集中力が途切れてしまうことが多々あるのではないでしょうか。大学の講義は九〇分ですが、集中して真剣に聞けるのは、私の場合三〇分が最長です。

スーパーのレジ担当や、惣菜担当、品出し担当のように業務分担がなされているのは、その業務の複雑さなどによる慣れや知識量、技術が必要とされるからですが、責任も委譲しやすいというマネジメントの管理方針からです。長時間同じ仕事を継続することは、作業がマンネリ化し、注意が散漫になったり、モチベーションを保てなくなる場合があります。

例えば、スーパーならレジ業務を二時間、その後は品出しを担当し、次はまた、レジ業務にという方法は、本人にとっても気分転換ができるので集中力も増すなどの利点があると思うのです。しかしそのためには、それぞれの業務のトレーニングが必要となるので教育に時間と経費が必要となり、マネジメントの仕事が増えることになります。

パークのエントランス業務はゲストへの挨拶やチケットを確認する作業で集中力の持続が難しい場合があります。そのキャストの気分転換のためにブレーカーという役割のキャストが配置されています。

例えば、数カ所あるエントランスの業務を同じ場所で継続して行うことがないように定期的に担当場所が変わるようになっています。ブレーカーが入ることによって、その場所のキャストが隣に移り、順々にキャストが場所を移動することによって同じ仕事をしていても気分をリフレッシュできるのです。

キャッシャー業務も同じように担当キャストそれぞれがキャッシュドロワーという釣銭の入った箱を持つことで、場所の交代や休憩、清算業務もしやすくなるのです。

作業のマンネリ化によるミスを防いだり、キャストのリフレッシュやコミュニケーションにも有効なシステムといえます。

モチベーションを上げるファイブスター・カード

キャストの働きを認知し、モチベーションを上げるファイブスター・カードというシステムがあります。

ディズニーパークは規模が大きく、担当するエリアが広く、すべての作業やキャストの行動に管理が行き届かないことがあります。

例えば、カストーディアルと呼ばれる清掃キャストは、ディズニーパーク内の広い範囲を担当しているので、管理業務としてキャスト一人一人の仕事ぶりを常に把握することができません。仕事を真面目に丁寧に一生懸命やっていても、上司がその仕事ぶりを認知できないと、キャスト自身がモチベーションを維持するのは困難です。

そして、担当外のキャストの対応が素晴らしくても、直接の賛辞を伝えられないのが現状でした。ディズニーパークの管理者は、そのためにあるカードを持ち歩いています。キャストがゲストに良い対応をしているところを、別の部の管理者が見ていることがあります。それが他部のキャストであろうと賛辞の言葉と一緒にファイブスター・カードを渡すことができます。

「笑顔がすごく良かったね」

それだけでもいいのです。

このカードのおかげで、キャストは誰かが自分の仕事ぶりを見てくれていると実感できますし、賛辞を受けることがやる気につながっていきます。

このカードをもらったキャストは、年に一回行われる褒賞パーティーに参加することができ、社長賞などの賞の対象になります。当然、枚数が多ければ多いほど、受賞する確率は上がります。

このカードは、キャストのモチベーションをどう活性化させていくかという方法のひとつですが、ディズニーが始めたわけではありません。他の企業が始めたものらしいのですが、良いものは積極的に取り入れればいいのです。

このカードは「自分の仕事ぶりを見てくれている」という、人が持つ承認欲求を満たすことによる感情への刺激と共に、仕事へのモチベーションアップとなり、「いつも見られている」という緊張感をも生み出します。

モチベーションと牽制という両方の特性の意味を持つこのカードをホスピタリティ業界には積極的に導入してほしいと思うのです。

お互いがお互いのために存在している

パーク内に現れるミッキーなどのキャラクターですが、彼らの動きを一〇〇%とすると、五〇%はゲストに対するものなのですが、残りの五〇%はキャストに対するものなのです。疲れていそうなキャストのところに寄り、おどけた演出をします。すると、キャストも思わず笑顔になってしまうのです。

店内に入ってまでということはありませんが、外から見えるお店ならガラス越しでもコミュニケーションを取ったり、テラス席のあるファストフード店では、駆け寄ってきたりすると、キャストだけでなくゲストのテンションも上がるのです。

こういったキャラクターの働きかけに限ったものではなく、部やセクション同士で売り上げや人気を競うことなく、お互いがお互いのために存在している社風をつくったほうが働きやすいものです。

シンデレラ城の下にガラスの靴を売っているショップがあり、ワールドバザールにはゲストやキャラクターの顔を切り絵にしてくれるショップがあります。

名入れや制作は機械ではなく、人の手で一つ一つ作成するのですが、ゲストの対応数や売り上げを考えると一度に対応できるショップやレストランと比べれば、コストパフォーマンスは落ちます。コスパだけを重視していたら、これらのショップはなくなってしまうでしょう。

しかし、そのショップがあることによって、ディズニーパークの特徴や良さが出るのです。そうでなければ、「松花堂弁当」のように、バラエティは豊かですが、特徴のないものになってしまいます。

パークでは、「このアトラクションやイベント、ショップ、コーナーは売り上げがないからやめよう」という考え方はありません。

ワールドバザールにペニーアーケードがあります。一回数十円でできるレトロなゲーム機ばかりが置いてあり、混雑することはありません。普通の遊園地なら、子どもたちに人気のないゲーム機は撤収され、新しいものや人気のあるものに取り換えられますが、ペニーアーケードは人気がなくても構わないのです。ディズニーの良さや歴史を感じる場所ですから、残しておくべきものなのです。

東京ディズニーランドのオープン前に、パークに飲食のテナントを入れるという案が出ました。それがなくなったのは、単に世界観やテーマ性の維持だけではありません。パーク内でも、ゲストがあまり行かない場所もあります。もし、ここがショップやレストランのテナントであれば、売り上げを増やす必要がありますから、チラシ配りなどの宣伝活動をするかもしれません。ディズニーとしては最低限の教育を義務付けますが、実行しない店もきっと出てくるでしょう。

オリエンタルランド直営であればリスクは増えますが、教育は行き届くし、時給差やキャストの待遇などの問題もなく、パーク全体の飲食の構築ができることで、さらにゲストに対して良い対応ができるという結論になりました。

アメリカのディズニーパークには現在、マクドナルドやスターバックスなどの外部のテナントが入っています。東京ディズニーランドの場合、テナントは三井住友銀行の出張所だけです。ディズニーのコスチュームを着ている唯一の銀行というわけです。

ゲストのメリットはあるのか

東京ディズニーリゾートはディズニー社の直営ではなく、オリエンタルランド社がディズニー社とフランチャイズ契約を結んでいます。しかし、他国のディズニーパークと同様に、ショップやレストラン、アトラクション、イベントなどの変更の際には必ずディズニー社の許可が必要になります。

各国にディズニーパーク限定のグッズがありますが、東京ディズニーリゾートの場合はオリエンタルランド社が企画を出し、ディズニー社で承認を得られたものが販売されます。

例えば、日本ではミッキーやミニーが着物でグリーティングしたり、上海のディズニーランドでは中国のコスチュームでグリーティングします。

新規アトラクションの導入や新規メニューの提案をする場合も承認が必要となります。

その際、最重要となるのがゲストへのメリットです。

どの企業でも見受けられることですが、新規の商品やサービス、方法の変更をする場合、企業のメリットを優先し、顧客のメリットが置き去りにされていることがあります。

ある新規アトラクションでこのようなことがありました。そのアトラクションは水しぶきがかかるので、成人式の着物を着たゲストにはお断りをするといった提案でした。ディズニー社のカウンターパートが、日本側の案にＮＯを突き付けました。なぜなら、その提案は運営側の都合であり、ゲストのメリットが何もなく、何のための提案かとなったのです。どうすれば着物のゲストにアトラクションを楽しんでもらえるかを考えるように提言したのです。

今考えると当たり前の話のようですが、企業の担当者がよく陥る案件なのです。

キャストの要望から生まれたコスチューム手当

ディズニーパークには、キャスト用の目安箱のようなものがあります。「I have an idea」と書かれた箱に、「こういうことに困っています」「こうしたらもっといいと思います」というメモを投函するのです。

内容は問わず、記名・無記名も問いません。そのメモは、直接、社長に届けられます。それらの意見のおかげで商品を改善したり、新しいサービスができたりしたこともあります。それも全て、ディズニー社の許可が必要となります。

コスチュームの着替手当や新規メニューなどキャストの意見が通った例がたくさんあります。

パークのキャストはピーク時で二万人ほどです。オンステージが三分の二とバックヤードで三分の一でコスチュームを着ているキャストは一万人以上です。コスチュームはエリアや職場によって異なりますが、「カリブの海賊」なら上下のコスチュームの他に、スカーフ、帽子、手袋、靴など、コスチュームが七点にもなります。

パークの場合、持ち場で仕事が始められる時間が始業開始です。持ち場までの移動時間、コスチュームに着替える時間を全部考慮して、キャストは動きます。

オープン当初に発生した問題が、この始業までに必要な時間でした。

着替えが不要で更衣室から近い持ち場のキャストは問題ないのですが、着替えに時間がかかり、時間を要する持ち場のキャストはその時間を見越して早めの出勤を余儀なくされます。

更衣室から時間のかかる持ち場になると、歩いて移動ではなく、大型のシャトルバスに乗車し、バス停からさらに地下道を通って持ち場に就くのです。

バスを利用するキャストは、更衣室から持ち場まで三十分の余裕を持って出なければなりません。これでは不公平という意見が出て、コスチュームの着替手当が支給されることになりました。

本来、売り上げへは直接、影響することではありませんが、その要求を考慮することで、キャストのモチベーションアップにつなげるのがディズニーらしさだと思うのです。

ディズニーでも予測を外す

来園されるゲストの男女比の予測の相違で、グランドオープンしてすぐに変更したものがトイレの数です。アメリカのデータでは、男女比が半々でしたが、日本は七対三で女性が多かったのです。アメリカの男女比でトイレの数が設計されたので、女性用トイレの数が不足してしまったたのです。

早急に女性用トイレの数を増やすために、男性用を女性用に改装したり、空きスペースを利用して女性用のトイレを増やしたのです。

開業当初はタバコのトラブルも多くありました。パーク内が喫煙可能な時代は、「吸い殻は通路にそのまま、捨ててください」という方針でした。しかし、カストーディアルが頻繁に清掃し、パーク内が常にきれいなので、ゲストも吸殻を捨て辛かったのでしょう。ゲストは植込みに捨てはじめ、清掃作業を複雑なものにしました。

パークに対する感謝のお手紙や苦情のお電話をいただくことがありますが、それらはまず社長に届けられ、各部に伝達されます。こういった情報の共有が、組織の中で難しいことのひとつだと思うのです。

周知徹底することは実は難しい

トレーニングや教育が行き届いている企業であっても、伝達事項が社員に理解され実行してもらうことが、非常に困難であることを認識していない組織をよく見受けます。よくある事例では、総務部や人事部などの管理部門と呼ばれる部署から各部宛の通達文書の最下段に「標記の件、周知徹底のほどよろしくお願いします」と書かれてありますが、実はこの周知徹底が難しいのです。

企業が抱える問題として、通達内容を全員に伝えなければいけない場合、どのような方法で伝えるのか尋ねると、大半が通達文書に、読み終えた場合は通達用紙の下にサインまたは押印する方法でした。

能力のない管理者の場合、自分の責任を上司から問われず、責任逃れだけを考えるので、全員がサインか押印すれば自身の通達責任は果たしたと主張するのです。

従業員の理解は、別問題で、管理者から催促されるのですからサイン・押印をするだけで、結果、通達事項はほとんど実行されていないというのが現状ではないでしょうか。

上司や管理部門に対し、従業員が実行できていない理由を、現場各自が実行していないだけで、自分の責任は果たしているという単なる責任転嫁に過ぎません。

私はディズニー時代、通達文書を受け取ると、内容を確認後、通達しなければならないキャストに対してさまざまな工夫をしました。準社員のキャストに把握が難しい内容であれば理解し易しい文章に変更した後、各店の責任者に、伝達方法や、記録表を作成しキャストが理解した時点でサインをもらうように指示をしたのです。

シフト制であっても、それぞれの時間帯に責任者がいるのですから、彼らが責任を持って、誰が何をいつ伝えたかという名簿を作成し、記録してもらいました。

通達文書の一枚目には伝達すべきキャストの名簿と伝達項目、伝達日、伝達した責任者の名前を書く欄をつけたのです。


この名簿をチェックすることで、このキャストには何月何日に誰が何を伝えたのかが明確になり、未伝達者が誰かも分かります。まずこれを徹底できれば、通達事項の未達問題はなくなります。

それほど難しいことではないのですが、なかなか実行できていない現状があります。


更に、実行しなければならない事項に関しては、それぞれのキャストが実行しているかどうかのチェックもしなければなりません。理解できていたか否か、理解できていても実行できていない場合や、実行は一度きりでその後は実行されていないなど、様々な結果が待ち受けています。特に業務改善に関する通達事項は、その改善内容や方法が良かったのか悪かったのか、実行し結果が出ないとわからないことがあります。もし、実行しなければ、その業務改善のアイディアやそれに要した労力や時間、さまざまな経費が全く意味のないものになってしまうのです。

ある通達について、全員一致で実行することが決定されたのですが、ある店舗では、伝達や実行、作業チェックがなされていなかったことがあります。

キャストに伝え、理解してもらい、実行を促し、実行してもらい、実行の継続がされているかをチェックする作業が、マネジメントの通常業務に加わるので、その責任者は一店舗くらい実行しなくても問題ないというような気の緩みがあったのでしょう。その日々の努力が企業の理念や方針を維持し、やがては企業イメージやブランドの向上、組織力や職場環境の改善がなされ、愛される企業に育っていくのだと信じています。

ＰＤＣＡだけでは伝わらない

現場の店舗管理を担当していた頃、まず伝達事項が全員にもれなく伝わること、伝達内容の理解と実行ができる方法を模索した結果、業務の改善手法として有名なＰＤＣＡ（Ｐ lan・Do・Check・Action）を参考にしました。

さらに、このサークルに項目を付け加えました。

一般的に管理部門からの文書は「周知徹底」を安易に考える傾向がみられます。文書を作成し、各部に通達することで自分の部の責務は終了したかのように感じられます。通達を受けた部署では、その文書を掲示板に貼り、それぞれ各自が読んでサインするだけで、通達事項が実行できるとは思っていないはずです。

現場は年齢層も幅広く、しかもシフト制ですから一度だけの通達では全員に伝わりません。多くの通達文書は、入社年数によっては難解な内容があります。そして管理部門からは通達事項が伝わっていないのではと管理者が注意を受けることがあります。

例えば、「挨拶しましょう」と決定されたときに、「では、皆で挨拶するようにしましょう」となりますが、それをどうやって皆に実行させるのかが問題なのです。

一般的な方法としては、全員に集まってもらい挨拶するように伝達しますが、それだけでは全員が実行できることはありません。自分は挨拶していても他のスタッフがしていなければ、しない方が自分にとっても楽なので、やがては誰もしなくなるのです。それが繰り返され、社内では継続して実行できないことが増えてくるのです。社内を改善し実行することは、とても難しいことなのです。

「挨拶をする」という実行にたどり着くまでには、

①　誰に、いつ、どこで、なぜ、どのような言葉で伝えるかを文章化する。
②　社内のどこ（誰）が中心となり、責任をもって進めていくか決定する。
③　各部署の誰にこの件を伝えるのか決定する。
④　③で指名された人は、それを他の従業員にどのように伝えるのか考える。

具体的にどのように実行するかを考えただけでこのように細分化されますが、これはＰ（Ｐｌａｎ）からＤ（Ｄｏ）だけの項目です。ＤからＣ（Ｃｈｅｃｋ）なら「誰がどのようにチェックし、他の責任者に引き継ぐには、どのように記録するのか」、ＣからＡ（Ａｃｔｉｏｎ）では、「実行していない人をどうチェックし、どのように実行してもらい、徹底させるのか」と、また細分化の作業が必要なのです。

ＰＤＣＡサークルは重要な基本項目ですから、各現場や部署では、具体的に実行できる方法と手段を構築する必要があります。

つまり、周知徹底事項を実行するには、５Ｗ３Ｈ（いつ、どこで、誰が、なぜ、何を、どのように、いくらで、どのぐらい）を考える必要があるのです。

リスク・マネジメントとクライシス・マネジメント

周知徹底がむずかしいからといって危機管理ができていないと会社の存続そのものが窮地に陥ることになります。

危機管理にはリスク・マネジメントとクライシス・マネジメントがあります。

リスク・マネジメントは、危害や損害、事故を回避するための対策で、リスクの発生による被害を最小に食い止める対策です。

各アトラクションや設備などの部品交換のタイミングを規定よりも早めるプレ・メンテ

ナンスがこれに含まれます。

一方、クライシス・マネジメントは、危機の発生により、企業の危機や難局、重大局面の発生による被害を最小限で抑える対応です。

発生を回避できない地震や火災、台風、落雷などはクライシス・マネジメントに含まれます。

ディズニーパークは危機管理体制がしっかりと構築されています。アメリカは銃社会ですから、パーク入園の際は金属探知機での検査やボディチェック、バッグの中もチェックされます。新型コロナウィルスの影響もあり、今後は東京ディズニーリゾートでも対策が強化されることでしょう。

日本の場合は地震対策が綿密に構築されています。

ディズニーが非常事態措置マニュアルを作成したことで、日本で初めて地震保険が設けられたのです。

パークでピーク時期に入場制限が実施されるのは危機対策でもあります。雷警報が出された場合、建物の中に避難できるゲスト数が目安になっているのです。

非常事態措置マニュアルと訓練

日本のディズニーパークでクライシス・マネジメントが発揮されたのは、東日本大震災の時でニュースや雑誌等でも報道されました。パーク内のオンステージでは準社員のキャストが九割でした。地震発生時、一時的に混乱はしたものの、キャスト全員が平静を取り戻し、余震が続く中、ゲストの安全確保と誘導にあたり、ゲスト、キャストともに負傷者はゼロでした。

パーク内の被害が壁の一部だけという最小限の被害で済んだのは、非常事態措置マニュアルと、教育と訓練の賜物です。特にキャストは、理念に基づいて無意識に行動できるように日頃から教育を受けていますから、キーワードのＳＣＳＥをもとに何が最善なのかを判断できたのです。ショップでは、キャストがゲストにぬいぐるみを渡して頭を守りながら避難できたことは、キーワードから考えた行動だったのだと思います。

大きなビルと同じように、シンデレラ城の地下には災害用の貯蔵庫がありますから、水や食料の供給もスムーズにできます。冬も想定して防寒用の衣類や毛布、カイロなども常備されています。

駐車場の一部は液状化現象が起こり、コンクリートが盛り上がりましたが、パーク内は地下道が整備される際に土地改良がなされたので、そのような問題は起こりませんでした。オープン前に土地改良をし、地下道をつくらなければ、東日本大震災のときにはかなりの被害があったはずです。

運もありましたが、非常事態対策マニュアルや理念をもとに行動すること、それを実行に移せたのは年間百八十回を超える避難訓練のおかげでもあります。

危機管理体制が構築されない企業には複数の問題点が起こります。よく見受けるのは、船頭（指示する者）の数が多く、統一性がないため、場当たり的にしか対処できなくなってしまうことです。結果、対応が遅くなり、入ってくる情報の精度も悪くなります。事故や不祥事が発生した場合も情報隠蔽や説明不足があると、最終的には誠意がない企業と思われ、企業そのもののイメージダウンにつながります。それを防ぐのが、キーワードのＳ

ＡＦＥＴＹで、ディズニーパークがこれだけ危機対応に取り組んでいるのは、企業の根幹を示すＳＡＦＥＴＹを確保するためなのです。

すべてはSAFETYのために

東京ディズニーリゾートのレストランでは、飲食サービス業界でよく聞く食中毒やＯ１５７は一度もありません。食堂部には衛生担当のキャストがいて、そのキャストが手洗いをはじめとした衛生管理のすべてを実施させています。手洗いの方法も細かいマニュアルがあり、実行できるまで衛生担当のキャストたちがチェックしています。

衛生担当のキャストたちには、方法が間違えていたり、実施していない店の店長に通告したり、リスク・マネジメントを徹底させる権限が与えられています。

仕入れ先の選定も重要な仕事です。ディズニーパークの新規取引業者の選定では、必ず工場を視察し、その工場が適切に運営されているかを確認します。確認項目としては、商品管理基準や納期遵守、衛生管理方法や状況、適正な人数が配置されているのか、サービス残業をしていないか、有給休暇の消化率など、商品が適正に製造されていることを調査した上で、取引を決定するのです。

ディズニーパークの業者選定基準が厳しいと周知されていることは、ディズニーパークの付加価値ともなっているのです。

プロジェクト業務やマネジメント業務に活かす

東京ディズニーランドでのプロジェクト業務の経験は、その後のさまざまなホスピタリティ業のプロジェクトや業務・教育改善や大学の講義に役立っています。

ある大型健康スパ施設のプロジェクトでは、オープンまであと一年半という時期でしたが、あるのは構築物の計画だけで、運営プランは何もなかったのです。

先ず、担当者たちにプロジェクト業務の方法を理解してもらい、決めるべき理念や方針、方法、決定すべき項目などをリストアップしてもらうことで、膨大な業務と作業があることを認識してもらうことから始めました。

クライシス・マネジメントにも関わってくるのですが、仮にサウナでお客さまが倒れたケースを想定して動線を決めていくと、建物の構造に問題があることがわかりました。救急車を呼ぶとなると、ストレッチャーでお客さまを搬出することになりますが、階段だけの設計であったため、スロープを取り付けるように変更したのです。また、廊下の幅が狭すぎてストレッチャーが曲がり切れないため幅も変更となりました。

理由がはっきりしているので、設計の人たちも納得して修正してくれます。これが、完成後であれば、変更に更に費用がかかったはずです。

また、設計段階から関わっていた「星の王子さまミュージアム」では、『星の王子さま』の世界観を守るため、宅配便のスタッフが事務所へ配達する場合、正面入り口から館内を通って行かなければならない状態にあったので、バックヤードからの動線を確保するため、設計図を引き直してもらいました。

ユニフォームに関しても、会社管理と、スタッフ自身の管理では必要な面積や場所が変わってきますが、設計段階ではその運営方針が決まっていませんでした。

マネジメントは、会社が管理して貸し出すことを選択しましたが、その場合、必要な面積は社員数やアルバイト数によって割り出すことが必要になります。設計チームは場所や広さを何の考慮もなく提案してきますが、スペースが空いているからそこを使うというのは暴論です。

会社が貸し出す場合、コスチュームは何着用意すればいいかをまず考えなければなりません。一日二シフトで八時間。一週間だと、延べ十四人分が必要です。ただし、全員が八時間働くわけではなく、三時間で帰るアルバイトもいます。そうなると、一週間で必要なスタッフは十四人が一番理想ですが、二十八人になるかもしれないし、四十人になるかもしれません。

全員が同じ体型なら、四十着用意しておけばいいのですが、そんなことはあり得ませんから、全サイズを準備する必要があります。四十人分でサイズ展開が三種類ならば、最大百二十着収容可能なスペースが必要になるのです。さらに、その分のロッカースペースも加わります。

結局、コスチューム管理とロッカースペースのために、事務所を狭くするしかありませんでした。設計や構想段階からこうした運営面を考えておけば、図面の引き直しも、事務所のスペースを削る必要もなかったのです。

拡大し続けるディズニーと将来的展望

もともとアニメーションの会社だったディズニー社は、パーク事業に乗り出し、その後さまざまなジャンルに進出しています。これは関連している業種に手を広げたらそうなったということだと思っています。

ウォルト・ディズニーは自社で全てを手がけたかったのだと思います。「カリブの海賊」に出てくるオーディオアニマトロニクスと言われる機械も外注ではなく、全てディズニー社で作ったものです。これはオーディオ（音）、アニメーション（動き）、エレクトロニクス（電子制御）を組み合わせた造語で、ロボットが生きているような動きになるように研究、開発されたものです。

ディズニー社にはイマジニアリングという部署があり、そこがディズニーの頭脳部隊で、オーディオアニマトロニクスの研究、開発なども手掛けていました。

子どもたちが家族で安心して遊べるものをつくりたいというウォルトの想いを受け継い

でいます。

経営学者のピーター・ドラッカーは「ミッション、ビジョン、バリュー以外はアウトソーシングできる」と言っています。

逆を言えば、経営陣はミッション（使命、役割）、ビジョン（目指すイメージ）、バリュー（価値基準）を熟考し、共有することが必須であるということです。この三つを一言でまとめると「企業のコンセプト」あるいは「企業理念」となります。

ウォルト・ディズニーが兄のロイ・ディズニーと始めた小さなアニメーションスタジオは、今や世界中で知らない人がいないメディア・コングロマリットとして成長しました。そして、企業としてもビジョナリー・カンパニーの上位にランクされます。そのような魅力ある企業の根幹に存在するのは彼の理念である「ハピネス」が揺らぐことなく経営陣や社員たちに受け継がれている証拠であると思うのです。

ディズニーパークの理念である「ファミリー・エンタテイメント」と「SCSE」の4つのキーワードはホスピタリティ産業に限らず、すべての企業に当てはまるものだと思っています。そして、企業組織として必要なコミュニケーションとチームワーク、そして笑顔。そして企業から「大切にされている」という感情、「楽しければ行動が伴う」というモチベーション。これらをこれからの企業経営者と管理職、若いリーダーたちに必要不可欠なものとして感じてもらいたいと切に願うのです。

次のディズニーはどこに

東京ディズニーランドの開業時、ディズニーシーをつくる計画はありませんでしたが、将来の拡張ために土地だけは確保していました。

ところが社長の高橋さんが、毎日のように受けていた取材でポロッと「つくるよ」と言ってしまい、「高橋さん、それ内緒です」と周りが慌てましたが、一度口にしてしまったことです、進まざるを得ません。これは日本経済新聞社の特ダネになりました。

もしかすると、高橋さんの作戦だったのかもしれませんが、オリエンタルランド社は再び、ディズニーシーのオープンという目的に向かって一丸となって走り出したのです。

ディズニーパークは、各国で拡大を続けています。カリフォルニア、フロリダ、東京、パリ、香港、上海、このあとはインドやイギリスになるでしょうか。

これからも、ウォルト・ディズニーが創設した素晴らしい理念とファミリー・エンタテイメントを世界各国に届けてほしいと望んでいます。

あとがき

大学での講義や、企業向けの講演をする際、常に中心になるテーマの内容は「付加価値創り」です。販売する商品が有形でも無形でも「付加価値」を付加させ販売価格に反映させることにより利益が出る仕組みです。

どんな仕事でも、企業は利潤を生まなければなりません。それは企業を存続させなければならない使命を持つからであり、決して利潤の追求のみが企業目的であってはなりません。

仕入価格と販売価格の差額、簡単に言えばそれがあなたの提供する商品の付加価値額です。では、その付加価値の金額に含まれる具体的な内容とは何かを、今一度考えてほしいのです。ただ単にそれを販売することで、期待する利益を得たいという理由で価格設定をしていませんか。それではその商品に価値のないことが顧客に露呈し、顧客満足度がその対価に見合わなくなり、やがてその商品が売れなくなることは明らかです。

付加価値の高い商品開発のためには、そのもの創りの根底に企業理念があり、その企画を具体化するための指針となる、ディズニーでいうところのキーワードがなくてはならないことを繰り返し書きました。そして商品の高付加価値創りにはそれを創り上げる人財が不可欠であることは誰もが理解できることです。高付加価値商品創りは顧客満足度を向上させることができますが、そのためにはまず企業として働く仲間の従業員満足を先んじて考慮し実行しなければなりません。

また、商品づくりは視覚に訴えることは重要ですが、目に見えない他の五感、聴覚、触覚、嗅覚、味覚にも魅力的なもの創りでなくてはならないことを忘れてはなりません。

この本は私にとって、ホスピタリティと、もの創りの集大成となるべきものです。企業経営者や管理職の方々、そして未来のリーダーたちに拙著の内容が少しでも役に立てることを心より願うばかりです。

最後にこの本の出版のきっかけを作ってくださったフリー書籍編集者の大島永理乃さま、総合法令出版の大西鉄弥さま、ライターの谷口雅美さまに感謝申し上げます。そして、凡ゆる困難に向き合い、人生を最高に旅するということを教えてくれた妻の智美に感謝します。

著者プロフィール

芳中　晃（よしなか・あきら）

1953年生まれ。77年、ポールスミス大学卒業。79年、フロリダ国際大学卒業。同年7月、ウォルト・ディズニー・ワールド入社。コンテンポラリー・ホテル（現ディズニー・コンテポラリー・リゾート）やマジックキングダム内にてスーパーバイザー業務をおこなう。その後、㈱オリエンタルランドに入社。東京ディズニーランドの開園準備に携わる。同社退社後、さまざまなプロジェクト業務や経営管理などを手掛ける。関東学園大学経済部経済学科観光ホスピタリティコース元准教授。16年、コーネル大学ホスピタリティ・マーケティング准修士修了。

参考文献

・『誰もが〝かけがえのない一人〟になれるディズニーの「気づかい」』（芳中晃）
・『ディズニーランドはなぜお客様の心をつかんで離さないのか』（芳中晃）
・『ディズニー7つの法則』（トム・コネラン）
・『恋するディズニー　別れるディズニー』（堀井憲一郎）
・『ディズニー「感動」のプロフェッショナルを育てる5つの教え』
（ブルース・レフラー、ブライアン・チャーチ）
・『ビジョナリー・カンパニー – 時代を超える生存の原則』（ジム・コリンズ）
・『ネクスト・ソサエティ』（ピーター・ドラッカー）
・『思考の整理学』（外山滋比古）

視覚障害その他の理由で活字のままでこの本を利用出来ない人のために、営利を目的とする場合を除き「録音図書」「点字図書」「拡大図書」等の製作をすることを認めます。その際は著作権者、または、出版社までご連絡ください。

自分の頭で考えて動く人が育つ
ディズニー シンキング

2020年 4 月24 日　初版発行

著　者　芳中 晃
発行者　野村直克
発行所　総合法令出版株式会社
〒 103-0001 東京都中央区日本橋小伝馬町 15-18
ユニゾ小伝馬町ビル 9 階
電話　03-5623-5121
印刷・製本　中央精版印刷株式会社

落丁・乱丁本はお取替えいたします。

ISBN 978-4-86280-738-0
総合法令出版ホームページ　http://www.horei.com/